超訳
ダ・ヴィンチ・ノート
The Da Vinci Note

神速で成長する言葉

ダヴィンチ研究者
桜川Daヴぃんち

飛鳥新社

はじめに

読者よ、もし私のことが好きなら、私のノートを読むといい。

私のような人間は、めったに生まれてこないのだから。

マドリッド手稿

本書を手に取ってくださったあなた。

芸術家としてであれ、科学者としてであれ、あるいは、他の理由であっても、とにかくレオナルド・ダ・ヴィンチに興味がおありですよね。

そんなあなたに、ダ・ヴィンチ自身が、自分の残したノートを読むように勧めています。

ところが……です。ダ・ヴィンチの書き残したノートはとにかく膨大。直筆ノートは、超プレミア本で一般公開されていないものが多く、そのコピーであるファクシミリ版をすべて購入するとなると、実に2000万円近くします。コピーでこの金額というのも驚きですが、本物は少なく見積もっても3000億円を超える価値があります。

はじめに

　そんなダ・ヴィンチ・ノートに何が書かれているのか、厳選したエッセンスをまとめたのが本書です。

　レオナルド・ダ・ヴィンチと聞くと、「万能の天才」というイメージが強く、私たちとはかけ離れた、雲の上の存在と思われる方が多いかもしれません。

　しかし、ダ・ヴィンチも、失敗し、挫折し、人の助けを得て生き抜いた私たちと同じ人間でした。彼が歴史に名を残し、500年たった今でも注目されるほどの存在になれたのは、7つの力を発揮したからに他なりません。ダ・ヴィンチの研究に持てる時間をすべて費やしてきた私は、その力を総称して「ダ・ヴィンチ力」と呼んでいます。

　その力を使えば、私たちも自らの能力を最大限引き出すことができるはず。

　本書『超訳 ダ・ヴィンチ・ノート』では、ダ・ヴィンチが生前整理できなかったほどの膨大なノートを研究し尽くし、ビジネスマンをはじめ、成長意欲のあるすべての人に役立つ珠玉の知恵と、とっておきの仕事術を抽出しました。

　知られざるダ・ヴィンチの本当の姿を明らかにすると同時に、ダ・ヴィンチが私たちに残した言葉・習慣・考え方をわかりやすく伝え、人生が劇的に変わるヒントを限界まで盛り

003

込んでいます。

　それだけではありません。ダ・ヴィンチと同じような思考や行動によって活躍する一流の成功者の体験談も織り交ぜることで、現代の読者がダ・ヴィンチにならって大きな成果を上げるための実例としました。

　教養と実益を兼ね備えた本書を読めば、知的好奇心が大いに刺激され、きっと誰かに伝えずにいられなくなるでしょう。

文庫化にあたって
　本書はちょうどダ・ヴィンチ没後500年だった2019年に出版した、同名書籍の文庫版です。
　出版後、読者の方から多くの反響を頂きました。「ダ・ヴィンチって意外と人間味がある人なんですね」「ダ・ヴィンチが仕事に取り組む姿が具体的に目に浮かぶようでした」という声が多かったように思います。本当に嬉しい反響でした。
　なぜなら、ダ・ヴィンチは天才であり、雲の上の人、というイメージばかりが先行し、人として見られることが少ないと感じていたからです。
「レオナルド・ダ・ヴィンチって知っていますか？」と尋ねると、誰しも名前は聞いたことがあると答えてくれます。ところが「どんな人か説明できますか？」と聞いてみると、「な

はじめに

んかすごい人」「天才ですよね」と返ってくるばかりで、その具体的な人物像はあまり知られていないのです。

『超訳ダ・ヴィンチ・ノート』では、天才の人柄や考え方を、本人の言葉を用いてわかりやすく解説することに心を砕いたので、ぜひ肩の力を抜いて存分に楽しんでいただけたらと思います。

またこの度、文庫として出版することになったのは、劇作家の小林賢太郎さん脚本・演出の舞台『学芸員 鎌目志万とダ・ヴィンチ・ノート』がきっかけでした。小林さんが本書を参考資料として選んでくださったのです。数あるダ・ヴィンチ関連の書籍の中で、「この本がいちばん読みやすく面白かった」とのことで、たいへん光栄でした。

以前には、モデルのローラさんが、パリにあるルーヴル美術館に『モナ・リザ』を見に行く前の"予習"として本書を読まれ、気に入ったダ・ヴィンチの言葉を SNS 上で紹介されて話題になりもしました。

ビジネスの現場からも、さまざまな反響がありました。本書を読まれた企業からダ・ヴィンチの考えをもっと深く知りたいとお問合せを頂くことがあり、本田技術研究所様の社内イベント用インタビュー動画では、"ホン・ダ・ヴィンチを目指して"というテーマで出演しました。

その中で「ダ・ヴィンチのように尖ってもっと個を出していくにはどうすれば良いか?」と質問がありました。ダ・ヴィンチは多方面で尖っていた人物でしたので、いろいろな批判を浴びています。しかし、ダ・ヴィンチはその批判に屈せず自分を主張し、立ち向かっていきました。個を出すための大前提として、当然ながらまず「個」がないと成立せず、他人に依存しない独自の強いビジョンが必要です。それは、どんなことにでも好奇心を持って、新しい経験を愚直に積み重ねることで確立されていきます。

生成AIが劇的な進化を遂げている今日では、ますます「人間としての尖った個性」が注目されています。本書の7つのダ・ヴィンチ力には、それを身につけるヒントも隠されているはずです。

ダ・ヴィンチの発想には、時代と場所を超え、現代の私たちにも胸を打つ摩訶不思議なパワーが潜んでいます。本書を通じて、何かひとつでも人生が豊かになる知恵を見つけてもらえたならば幸いです。

The Da Vinci Note
CONTENTS

はじめに ——————————————————————————— 002

CHAPTER 0 7つの「ダ・ヴィンチ力」とは

世界一高価な本、世界一高価な絵、どちらもダ・ヴィンチ ——— 014

ダ・ヴィンチを現代人でたとえると? ————————————— 015

ダ・ヴィンチの隠れた「実績」 ——————————————————— 019

日本人の一番好きな天才芸術家 ——————————————————— 020

今なぜ「ダ・ヴィンチ力」なのか ———————————————————— 022

コラム　あのナポレオンも入手したダ・ヴィンチの手稿 ——— 024

CHAPTER 1 自尊力

ダ・ヴィンチも落ちこぼれの劣等生だった

1	堂々と劣等感を持つ ————————————————	034
2	自尊力がある者が勝つ ————————————————	036
3	欠点は無視して、裏側にある長所を伸ばせ ————	038
4	勝者とは、始める人ではなく続けた人のこと ————	040
5	けなされたら、喜べ ————————————————————	042
6	評価されているものを批判してみる ————————	044
7	パーフェクト・ロールモデルを持て ————————————	046
8	他人の長所を融合させて、コラージュ・ロールモデルをつくれ—	048
9	大きなリターンは、常に恐怖心の向こうにある ————	050
10	得意分野で余裕が出てから、不得意なことを補完する —	052
11	自分の仕事がナンバーワンと思え ————————————	054
12	自分の望みを叶えたければ、まず相手の望みを叶えよ ————	056

コラム　「芸術家」不在の時代に、「芸術家」を創造した人々 ——— 058

The Da Vinci Note
COTNTENTS

CHAPTER 2 没頭力

すべてはフロー状態から始まる

1	没頭のみが輝かしい未来を開く	066
2	ふつうのことに疑問を持つ	068
3	なぜを5回以上重ねろ	070
4	好きなことしか身につかない	072
5	やると決めたら1ミリも残さずやり切る	074
6	質素に才能を育め	076
7	先人を超えるのは、人間の使命	078
8	たとえ夢を叶えられなくても、得られるものがある	080
9	気がのったときに打ち込めばいい	082
コラム	**ダ・ヴィンチが鏡文字を書いた真の理由は何か?**	084

CHAPTER 3 洞察力

本質をつかめる人に勝機は訪れる

1	目に見えない部分を見抜くには、やり方がある	090
2	まず終わりから入れ	092
3	死を念頭において生きろ	094
4	何事も比較して考える癖をつける	096
5	海外の人と知恵を交換せよ	098
6	言説を信じるな、現地を当たれ	100
7	本物は「科学の目」で見極めろ	102
8	流行に流されないスタイルを1つ持て	104
9	悩んだら、自問自答して問題点を「見える化」せよ	106
コラム	**柔軟な頭脳をつくるマイ・ディクショナリー**	108

CHAPTER 4 創造力

ダ・ヴィンチは組み合わせの魔法使いだった

1 「イノベーション」ではなく「リノベーション」で生み出せ ——— 116

2 「対極のもの」がインパクトを生む ——— 118

3 異種コラボが日常を打開する ——— 120

4 あえて矛盾する言動をせよ ——— 122

5 型にはめず、多様性にこだわれ ——— 124

6 ユーモアがあれば、辛いときも乗り越えられる ——— 126

7 ミステリーを残せ ——— 128

8 徹底的にリアルであれ ——— 130

9 才能は、カオスの中で目覚める ——— 132

10 まず映像を頭に浮かべて、それについて話せ ——— 134

11 日常を非日常化する工夫をせよ ——— 136

コラム 「自然」はアイディアの宝庫 ——— 138

CHAPTER 5 対人力

孤独と人付き合いのバランスのとり方

1 孤独が才能を育てる ——— 146

2 仲間を選べ ——— 148

3 他人は変えられない。期待するな ——— 150

4 謙虚な姿勢が幸せをもたらす ——— 152

5 忠告が必要な人ほど、忠告を拒む ——— 154

6 縦人脈を築け ——— 156

7 意外な人ほど、いい先生になる ——— 158

The Da Vinci Note
COTNTENTS

8 会話では共感だけを意識せよ ——————— 160

9 いつでも予想を超えた演出を心がけよ ——————— 162

10 自由人に学んでブルーオーシャンを目指せ ——————— 164

11 分業がクオリティを上げる ——————— 166

コラム 『ウィトルウィウス的人体図』に隠された秘密 ——————— 168

CHAPTER 6 実践力
天才が習慣にしていた究極のインプット・アウトプットの技術

インプット

1 メモする　　メモ魔になれ ——————— 178

2 分類する　　できるだけ細かく分類しておくと、後でラクになる —— 180

3 読む　　　　名著を読め ——————— 182

4 覚える　　　寝る前のゴールデンタイムを使う ——————— 184

5 話を聞く　　その道の専門家に会い、最高の知恵を学べ ——————— 186

アウトプット

6 やる　　　　機会があったら、とにかくやってみる ——————— 188

7 書く　　　　2冊のノートを使い分けろ ——————— 190

8 図解する　　視覚は文字を圧倒する ——————— 192

9 教える　　　人に伝えたとき、知識は本当に自分のものになる —— 194

10 仲間を集める　自らサロンをつくり、熱く語れ ——————— 196

コラム　あなたもダ・ヴィンチ・ノートをつくってみよう ——————— 198

CHAPTER 7 幸福力

成果を上げながら心も満たす

1 人を愛するにはコツがある ——————— 210

2 怒りは幸せを台無しにする ——————— 212

3 嫉妬は、幸運がやってくる場所で待ち伏せをして襲撃する —— 214

4 徳こそ真の財産であり、所有者への真の報酬だ ——— 216

5 親の恩を知り、報いようとする気持ちを持て ———— 218

6 運動が心と体を休める ————————— 220

7 やりたくない仕事は断れ ———————— 222

8 利他的じゃなければ仕事じゃない —————— 224

9 幸せにする対象を拡大し続けよ —————— 226

コラム 「ネガティブ・ダ・ヴィンチ」
と「ポジティブ・ダ・ヴィンチ」が語る2つの生涯 ————— 228

おわりに ————————————— 236

The Da Vinci Note

CHAPTER 0
7つの
「ダ・ヴィンチ力」とは

ビル・ゲイツが28億円で落札！
地球史上最強の教え

　マイクロソフトの創業者ビル・ゲイツは、1994年、レオナルド・ダ・ヴィンチの直筆ノートの1つであるレスター手稿を落札しました。価格はなんと28億4000万円。落札された本としては世界一高価な本となりました。以降、毎年1回世界のどこかで公開されており、日本でも2005年に初お披露目となって、反響を呼びました。

　またゲイツは、ウォルター・アイザックソンが書いた伝記『レオナルド・ダ・ヴィンチ』を読んでこのように語っています。

「ダ・ヴィンチは、当時地球上で知られていたことをほぼすべて理解する寸前までいっていた」

　ウィンドウズを世に送り出し、世界資産家ランキング上位に名を連ね、名誉も富も手にしたゲイツは、常にダ・ヴィンチへの理解を深めようとしてきたのです。

世界一高価な本、世界一高価な絵、
どちらもダ・ヴィンチ

　一方、2017年11月、ニューヨーク、クリスティーズのオ

CHAPTER 0 7つの「ダ・ヴィンチ力」とは

ークションでは、ダ・ヴィンチの真筆絵画と認定された『サルバトール・ムンディ』が史上最高額の508億円で落札されたことも話題になりました。この絵は、男性版『モナ・リザ』と言われています。それまでの最高落札額はピカソの『アルジェの女たち』の215億円だったので、実に2倍以上の価値。そして、世界一高価な本も絵も、ダ・ヴィンチの作ということになります。

　なお、ダン・ブラウン著『ダ・ヴィンチ・コード』がヒットしたときは、世界的にダ・ヴィンチ・ブームが起きました。映画化もされ、世界で44言語に翻訳、8000万部のベストセラーになりました（残念ながらフィクションですから、作品中で正しいダ・ヴィンチ像は伝えられていません）。

ダ・ヴィンチを現代人でたとえると？

　このように、繰り返し世界中の人たちを魅了してきたダ・ヴィンチ。
　でも、「どんな人物？」と聞かれたら、答えられない人は多いのではないでしょうか。
　ダ・ヴィンチの作品を堪能するだけならもちろんそれでもいいでしょう。でも、地球史上に残る人物から何かを学ぼうとするならば、まず、どんな人物だったかを知っておいてほ

015

しいと思います。そこで本書のメインとなる手稿の超訳へと
進む前に、ダ・ヴィンチの人物像に触れさせてください。

　と言っても、堅苦しい話をするつもりはありませんので、
ご安心を。
「ダ・ヴィンチを現代人でたとえるなら」という視点で、楽
しんでいただけたらと思います。

　ズバリ、次の７人を融合した人物がダ・ヴィンチです。

①スティーブ・ジョブズ
②スティーブン・スピルバーグ
③山中伸弥
④菅田将暉
⑤ホリエモン
⑥宮崎　駿
⑦安藤忠雄

なぜこの７人なのか。具体的な共通点を挙げていきます。

①スティーブ・ジョブズ

・文字情報は少なく、わかりやすい写真を用いてスピーチを
したプレゼンの名手
→ダ・ヴィンチも文字より絵やデッサンで伝えることを重視
し、ノートには積極的に視覚情報を残した

CHAPTER 0　7つの「ダ・ヴィンチ力」とは

②スティーブン・スピルバーグ

・世界的な映画監督だが、人脈づくりに長けていて、ユニバーサル・スタジオに通行証なしで出入りしていた

→ダ・ヴィンチも君主と仲良くなり、通行証なしで領国内を自由に歩き仕事をしていた

③山中伸弥

・500匹のマウスを世話して、遺伝子の影響を調べる実験に没頭。後にiPS細胞の研究で、ノーベル生理学・医学賞受賞

→ダ・ヴィンチも30体以上の人体解剖を徹底的に行い、医学史上初めて動脈硬化症による人間の死を報告

④菅田将暉

・音楽活動もしているイケメン俳優。独自のファッションセンスも注目をされており、趣味は生地から選んだオリジナルの洋服づくり

→ダ・ヴィンチも、リラという楽器を弾く音楽家。舞台俳優の衣装デザインも手がけ、自身も流行にとらわれないファッションを楽しんでいた

⑤ホリエモン

・宇宙ビジネスなどさまざまな分野に興味を持って行動する

017

人であり、マルチな肩書を持つ。著書『多動力』でもその重要さを説く
→ダ・ヴィンチも経験することを重視。天体を研究する天文学者でもあり、万能の天才と称される

⑥宮崎駿

・日本を代表するアニメ映画監督だが、自ら描く絵コンテのクオリティも高い
→ダ・ヴィンチも、動画のコマ送りのような、映像が浮かぶ優れた絵を描いている

⑦安藤忠雄

・生涯現役の建築家であることを望み、好奇心を持って学び続ける「知的体力」の必要性を説いている
→ダ・ヴィンチも数々の建築デザインを手がけ、死ぬまで世間のニーズに応え続けた

　7人との比較で、うっすらとダ・ヴィンチ像が見えてきたでしょうか。ちなみにこんな偶然もあります。
　ホリエモンは、ライブドア事件で証券取引法違反容疑で逮捕されていますが、ダ・ヴィンチも同性愛者として匿名で告発され逮捕されています（証拠不十分で後に釈放）。
　また、ジブリ映画にはよく兵器が登場しますが、それは宮

CHAPTER 0 7つの「ダ・ヴィンチ力」とは

崎駿監督が、兵器マニアという一面を持っているからです。同じように、ダ・ヴィンチも軍事技術師として仕事をし、兵器の開発・デザインをしています。意外と、趣味、嗜好も似ていたのかもしれません。

ダ・ヴィンチの隠れた「実績」

さて、親しみを持っていただいたところで、もう少しダ・ヴィンチの実像に迫っていきましょう。

「彼は、他の誰もがまだ眠っている闇の中で、あまりにも早く目を覚ましてしまった男のようであった」

ロシアの作家メレシコーフスキーがダ・ヴィンチのことを表現した言葉です。メレシコーフスキーは、『レオナルド・ダ・ヴィンチ 神々の復活』の著者。同書は、精神医学者で有名なフロイトが、良書を10冊選定したうちの1冊にも数えられています。

ダ・ヴィンチは、皆が眠っている中、目を覚まして何をしていたのでしょう?

絵画を始め、音楽・彫刻などの芸術に没頭し、物理学、天文学、植物学、地質学、解剖学などの学問を探求。一方で車や船、飛行機などの乗り物や日用品の発明、軍事戦略や都市

019

開発と、活躍するフィールドの広がりは止まるところを知りませんでした。まさに「万能の天才」と言われるゆえんです。

どうしてそんなに幅広い活躍ができたのか。ダ・ヴィンチは、世間の常識や慣習に流されず、自分の好きなことだけを心から追求しました。日々がワクワクに満ちていたこと、大変な困難があっても自分を信じて乗り越えていったことが、ノートから読みとれます。

また、実績として興味深いのは、今より500年前にもかかわらず、ダ・ヴィンチがロボットを発明していたことです。AI時代に生きる私たちは、ロボットと調和をはかりながら共存し、人間は人間にしかできない能力を発揮することが求められています。ダ・ヴィンチの死後500年の時を経て、ようやく私たちはダ・ヴィンチの目覚めに追いついたのかもしれません。

日本人の一番好きな天才芸術家

時代と国境を超え、大衆を魅了し続けてきたダ・ヴィンチ。世界はダ・ヴィンチをどのように評価してきたのかも、まとめておきたいと思います。

ソフトバンクの創業者である孫正義さんは、スティーブ・

CHAPTER 0 7つの「ダ・ヴィンチ力」とは

ジョブズのことを「現代のレオナルド・ダ・ヴィンチ」と評し、両者を比較しています。

「レオナルド・ダ・ヴィンチはテクノロジーとアートをクロスオーバーさせた。当時最強のテクノロジーだった医学、物理、化学を操る頭脳を持ち、『モナ・リザ』のようなアートまで描いた。アートとテクノロジーをクロスオーバーさせた最強の1人目がダ・ヴィンチだとすると、2人目はスティーブ・ジョブズだと思います。単なる電化製品は世の中にたくさんありますが、アートと呼んでいい初めての製品がiPhoneだった」(孫正義『ソフトバンクキャリア LIVE 2018』)

第一線の経営者もダ・ヴィンチに着目をしていますが、それだけではありません。テレビ番組『世界一受けたい授業』で特集された「日本人が好きな天才ベスト100」では、アインシュタイン、ガリレオに次いで3位にランクイン。芸術家としては注目度 No.1 の天才に選ばれたのです。

ダ・ヴィンチの存在感は死後500年たった今でも色あせることなく、最先端医療として導入された手術支援ロボットは『ダ・ヴィンチ』と名づけられています。これは、世界で最初に心臓の部屋が4つあると発見したり(それまでの西洋医学では心臓は2つに分割されていると考えられていました)、動脈硬化、毛細血管、冠動脈閉塞を医学史上初めて記録していたダ・ヴィンチへの敬意のあらわれに他なりません。

021

まだまだあります。日本を代表する航空会社、ANA の飛行機に使用されていた昔のロゴマークは、ダ・ヴィンチが描いたヘリコプターの図案をモチーフにしていました。

　総合文芸誌として知られる雑誌『ダ・ヴィンチ』のネーミングにも、メッセージが込められています。

「あふれる好奇心をエネルギーに自分の世界を広げたレオナルド・ダ・ヴィンチのように、一人でも多くの人が本を通じて、自分の興味・関心の世界を広げてほしい──。『ダ・ヴィンチ』はそんな思いでネーミングしました」

　これらの事例からもわかるように、「ダ・ヴィンチ」は新しいことを切り開くパイオニアの代名詞となっており、国や時代を超えて、計り知れない巨大なインパクトを与えているのです。

今なぜ「ダ・ヴィンチ力」なのか

　AI 時代には、専門分野を極めたスペシャリストが淘汰されやすいと言われています。ダ・ヴィンチのようにマルチな才能を持ち合わせ、さまざまなジャンルのものを創造できる人間が求められるのです。

「1 つのことを追求するだけでも大変なのに、どうやったら同時にできるの？」

「才能がある人ならできるけど、自分にはそんな才能ないか

ら無理だよ」

はなから諦めの声も聞こえてきそうです。でも、「はじめに」でも言った通り、ダ・ヴィンチは決して生まれながらの天才でも超人でもなく、努力と戦略によって成果を上げ続けていった「人間」です。

本書ではレオナルド・ダ・ヴィンチの生き様・考え方・行動習慣を徹底分析し、7つの「ダ・ヴィンチ力」（①自尊力　②没頭力　③洞察力　④創造力　⑤対人力　⑥実践力　⑦幸福力）に体系化しました。

失敗や挫折を経験したダ・ヴィンチが、数々の偉業を成し遂げていく過程で、どのようなスキルを身につけ、使ったか。それは、夢や目標を叶えるための、地球史上最強のアプローチ法と言っても差し支えありません。ダ・ヴィンチ力を学んで実践すれば、眠れるパワーを引き出し、周囲から求められる「特別な存在」になって、夢を現実化することもできるでしょう。

ぜひダ・ヴィンチの助言に耳を傾け、1つでも実践していってみてください。

あのナポレオンも入手した
ダ・ヴィンチの手稿

　ダ・ヴィンチ・ノート、つまり手稿とはどんなもので、どのような種類があるのでしょうか。本編の超訳をより深く味わっていただくためにも、簡単に説明しておきましょう。

　世界一のプレミア・ノートであるダ・ヴィンチの手稿の多くは、現在、由緒ある図書館や美術館に所蔵されています。

　しかし、かつては戦争で争奪された過去を持ちます。たとえばナポレオンが略奪し、パリにもたらされた手稿は今日パリ手稿と呼ばれています。

　同じくナポレオンに押収された最大のノートであるアトランティコ手稿は、ナポレオン失脚後、イタリアのミラノに返却されています。この手稿は、ダ・ヴィンチの生前・死後を通じてヨーロッパ中を渡り歩き、8000キロを旅したと言われています。戦場の英雄さえもが欲した手稿、それがダ・ヴィンチ・ノートなのです。

　ダ・ヴィンチは、23歳頃からノートに書く習慣を取り入れ、以後40年以上死ぬまで書き続けています。特に30歳を過ぎてからは、あらゆるサイズのノートを使い分け、携帯用ノートを持ち歩いて移動中も書いています。

　ダ・ヴィンチの手稿は、弟子のメルツィが編纂したウルビ

024

COLUMN

ーノ稿本（別名：絵画の書）を含めると、約 8000 ページが
現存しています。ウルビーノ稿本は、現存していない 10 冊
の手稿からも引用されており、メルツィは、ほぼ忠実に師匠
の言葉を書写しています。そのため、ウルビーノ稿本は、ダ・
ヴィンチの手稿と同様の価値があると言っていいでしょう。
失われた手稿もあわせると、全部で 2 万ページ以上あったと
推測されています。そして、まだ世界のどこかで発見されず
に眠っている可能性もあるのです。

　実際に、1964 年、マドリッドのスペイン国立図書館で新
たに手稿が発見されました。数百年もの間、この手稿に記さ
れた天才の英知は闇に閉ざされたままだったことになりま
す。

　以下は、各手稿の特徴です。

アトランティコ手稿

　地図帳（アトラス）と同じサイズの大型の手稿。美術収集
家のポンペオ・レオーニが切り貼りして編集した膨大なノー
トで、内容は楽器・兵器・築城・機械・幾何学・格言など多
岐にわたる。

トリヴルツィオ手稿

　入手したトリヴルツィオ公に由来。主にラテン語習得に使
用したノート。愛や人生に関する格言を残している。

鳥の飛翔に関する手稿

鳥、鳥、鳥、鳥、鳥だらけのノート。鳥の飛翔を研究し、人類が空を飛ぶのを夢見た。

パリ手稿　Ａ　／　アシュバーナム手稿Ⅱ

アシュバーナム手稿Ⅱは、元々パリ手稿Ａの一部だったが盗難に遭う。その後アシュバーナム伯爵がそれを買い取ったため手稿の名前に。内容は、絵画論・学習法・対人関係について触れている。

パリ手稿　Ｂ　／　アシュバーナム手稿Ⅰ

アシュバーナム手稿Ⅰは、元々パリ手稿Ｂの一部だったが、アシュバーナム手稿Ⅱ同様の盗難に遭う。特に軍事に着目し、あらゆる人種が発明した武器を考察している。

パリ手稿　Ｃ

光と影の関係を熱心に研究し、美しく複雑な図形で表現したノート。本書87ページの挿絵に注目。

パリ手稿　Ｄ

現存している中では、最も短いノート。夜行性の動物に着目している。

COLUMN

パリ手稿　E

絵画についての紙面が多く、絵の描き方について指導をしている。

パリ手稿　F

雲はどうやってできて消えるのか、虹はいつ見えるのか、など主に自然を考察したノート。

パリ手稿　G

鏡に太陽の光を反射させて火をつける方法を研究。危険な内容だったため、情報漏洩のために一部暗号を用いて記述しているノート。

パリ手稿　H

「もしもあなたが私に、私があなたに」という意味深な文章があるノート。動物寓話を用いた道徳的な言葉を多数残し、人生に対する警鐘を鳴らしている。

パリ手稿　I

「人の力作が人の死因となるだろう。剣と槍」などの予言に満ちたノート。

パリ手稿　K

「月は密である。密なものはすべて重い、月はどうであろうか」と三段論法で書き、なぜ月は落ちてこないのか？　と疑問を投げかけているノート。

パリ手稿　L

冒頭で、財産と自由を失った君主を哀れんでいるノート。

パリ手稿　M

「真実だけが時の娘である」などの格言が光るノート。

解剖手稿

人体があまりにも美しく描かれた解剖研究ノート、医学史上初の発見もしている。

ウィンザー紙葉

『最後の晩餐』などの絵の下描き、あらゆるスケッチ、なぞなぞなどが描かれたノート。

アランデル手稿

入手したイギリスの収集家、アランデル卿に由来。幾何学を中心に、機械式のハイテクな舞台装置も描かれている。

COLUMN

フォースター手稿　I・II・III

入手したジョン・フォースターに由来。天秤や工具の研究の他、母親の埋葬費用も記述している。

マドリッド手稿　I・II

20世紀に入ってから発見。雑多なメモと、美しく清書された精巧な機械のデッサンが並ぶノート。

レスター手稿

過去に手稿を購入したレスター卿に由来。1994年にビル・ゲイツが購入したが、ゲイツ手稿と呼ばれることを拒否。現在唯一の個人蔵のノートで、水や宇宙について考察している。

ウルビーノ稿本（別名：絵画の書）

弟子のメルツィが編集したノート。18冊中10冊は現存しない手稿から引用している。メルツィの死後、ウルビーノ公の図書館で17世紀半ばまで保管。絵画論・光と影の考察・比較芸術論が中心。

その他、トリノ王立図書館、ヴェネツィアのアカデミア美術館、オックスフォードのクライスト・チャーチ・カレッジ、ニューヨークのメトロポリタン美術館などに、一部の紙葉が所蔵されている。

目がある考察ノート　**アトランティコ手稿**

COLUMN

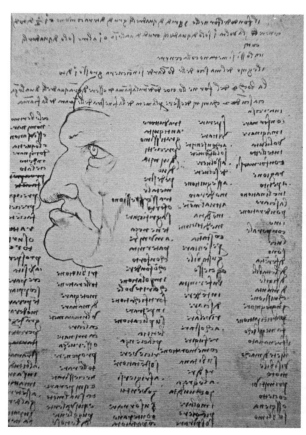

横顔が入った語彙集　トリヴルツィオ手稿

The Da Vinci Note

CHAPTER 1

自尊力

ダ・ヴィンチも落ちこぼれの
劣等生だった

堂々と
劣等感を持つ

この男は大バカ者だ……言ってくれ、サンドロ、君はどう思う？　本当のことを正直に言おう。僕は成功しなかったのだ。

アトランティコ手稿

CHAPTER 1 自尊力

「僕は成功しなかった」——ダ・ヴィンチの言葉とすれば、あまりにも意外と言っていいでしょう。

万能の天才。きっと何事もすんなりうまくいったに違いない。そんなイメージとは裏腹に、劣等感を解消するために努力するという泥臭さこそが原点だったのです。

ただし、単に自己卑下していたわけではありません。自分が今、社会の中でどこに位置しているのか、現状を客観視していました。

「サンドロ、君はどう思うか」のサンドロとは、貝殻の上に立つ女神を描いた『ヴィーナスの誕生』で有名な画家、サンドロ・ボッティチェリのことです。ボッティチェリはダ・ヴィンチより7歳ほど年上で、同じ工房で働く先輩でありライバルでしたが、ダ・ヴィンチに劣等感を抱かせた「ある決定的な出来事」がありました。

システィーナ礼拝堂の壁画制作プロジェクトに画家が選ばれ何人か招集された際、ボッティチェリは選ばれましたが、ダ・ヴィンチの名はありませんでした。最高に栄誉があり報酬も莫大だった仕事を逃したダ・ヴィンチの落胆は計り知れません。

でも、そんな自分の現在地を認め、前に進む道を選んだことが、晩年、偉大な芸術家となったダ・ヴィンチのスタートラインだったのです。

035

自尊力がある者が勝つ

イルカは自分の背びれの刃がどれほどよく切れるか、ワニのお腹がどれほど柔らかいかを知っている。両者が闘うとき、イルカはワニの下に潜り込み、そのお腹を切ってワニを殺す。逃げる者や、怯えながら捕らえようとする者にとってはワニは恐ろしく、決して倒せない。

パリ手稿 H

CHAPTER 1 **自尊力**

　ダ・ヴィンチ力のうち、根底をなす力が自尊力です。自尊力がなければ、他の6つの力も十分に発揮することはできません。

　自尊力は、「自己肯定感」とは似て非なる概念です。自己肯定感は、ありのままの自分を受け入れる「守りの姿勢」であるのに対し、自尊力は、積極的に「攻めの姿勢」で自分の尊厳を高めていく力を意味します。ダ・ヴィンチは、意識的に自尊力を高めていき、他の力の底上げをすることに成功しました。

　では、どうすれば、自尊力を高めることができるのでしょうか。それには、まず自分自身を知ることが不可欠です。

　ダ・ヴィンチは、イルカがワニと闘って勝つシンプルな方法を書いています。いわく、自分の背びれの刃がよく切れるという長所と、ワニのお腹が柔らかいという弱点を知っていれば、イルカが勝てると。

　自分に自信を持ち、強みを発揮しさえすれば、凶暴そうに見える相手でも倒すことができるのです。しかし、自尊力がなければ、闘う前に相手に圧倒されてしまいます。

「彼を知り己を知れば百戦殆うからず」という孫子の有名な言葉もあります。困難に遭遇しても、自分と相手を把握してすべきことを実行すれば、乗り越えられるものなのです。

欠点は無視して、裏側にある長所を伸ばせ

鉄は手入れをしないと錆びてしまう。水は放置されると腐り、冷え込むと凍る。同じように、才能も使わなければダメになってしまう。

アトランティコ手稿

CHAPTER **1** 自尊力

　師匠が認めるほど絵が上手だったのに、システィーナ礼拝
堂の壁画制作プロジェクトに落選したダ・ヴィンチ。その原
因は次の「3つの欠点」にありました。

　①遅筆　②未完成作品が多い　③指示を無視する

　絵を依頼したのに、納期を守れない。だいぶ描いたかと思
ったら、完成させることができない。完成したかと思いきや、
依頼した内容が反映されていない——こんな最悪の3拍子が
そろった人に誰も仕事を依頼しませんよね。

　でも、ダ・ヴィンチは、この欠点を直そうとせず、最後ま
でそのスタイルを貫きました。なぜでしょう？

「遅筆」であるということは、それだけ丁寧であるというこ
と。「未完成」であるということは、それだけ考え抜かれてい
るということ。「指示を無視する」ということは、裏を返
せば、オリジナリティが高い作品ができるということ。

　つまりダ・ヴィンチは、「欠点の裏側にある長所」を知っ
ていたのです。そして、長所だけで勝負する方法はないかを
模索し、遅筆向きの絵の具を開発したり、前例のない斬新な
構図を描いて鑑賞者を魅了しました。

　日本人は謙遜を美徳とする素晴らしい文化を持っています
が、その一方で、できていないことに意識が向きがち。欠点
を直そうとするより長所を伸ばすほうが効果的なうえに、ど
んどん自尊力も上がります。

039

勝者とは、始める人ではなく続けた人のこと

石は、火切り鉄に叩かれたので、びっくりして声を荒げて言った。「どうして私をいじめるの。人違いでしょう。私を苦しめないでくれる？　私は誰にも迷惑をかけてないのよ」。すると、鉄が答えた。「我慢すれば、素晴らしい結果が生まれるはずさ」。石は機嫌を直してじっと苦痛に耐えていると、やがて素晴らしい火が生じた。その火の威力は、無限に役立つことになった。これは学習を始めたばかりの初心者が、自己を抑えて、地道に学びを続けた結果、偉大な成果を生み出すことにたとえられる。

アトランティコ手稿

CHAPTER 1 自尊力

「私は続けるだろう」——こんなつぶやきが、晩年のダ・ヴィンチ・ノートに書き残されています。何を続けようとしたのか、肝心なことが省略されていますが、とにかく続けることを意識の中心に置いていたのがダ・ヴィンチでした。

ダ・ヴィンチが生涯続けたことは、自己表現のアウトプットであり、自分のメッセージを伝えることです。万能の活躍をしたように見えて、実は「調べてノートに書き続ける」、そして「とにかく絵を描き続ける」という2つのシンプルな繰り返しからすべては生まれました。

続けることが自尊力にもつながり、次第に周囲からも認められる存在になりました。生涯、地道に研鑽を続けていった結果、科学者として数々の業績を残しながら、偉大な芸術家となったのです（おまけに後世、そのノートと絵画は、共に世界最高額で落札されました）。

日米通算4367安打を放ち、45歳まで現役を続けたイチロー選手も、まさに続けた人。試合前には決まったメニューのトレーニングをこなし、試合中は打席に向かう動作をルーティンとして守り、試合後は必ず道具を磨く。遠征先には枕を持ち歩き、自己管理を徹底しました。

大きな成果を上げるのは、「新しいことを始める人」とイメージしがち。でも「石と鉄」のたとえからもわかるように、「続ける」をダ・ヴィンチは徹底したのです。何かが生まれるのはその先。この順番を間違えてはいけないのでしょう。

041

けなされたら、喜べ

私が学者でないからと、私のことを学のない人間だと非難、批判する人たちがいる。バカな連中だよ。たしかに私は、彼らのように著作家たちの引用をすることはできない。だが、そのまた先生である「経験」に基づくほうがはるかに優れた価値がある。批評家たちは、他人の苦労の成果を利用しているだけ。それなのに、実際に経験し、創作している私を軽蔑するなら、彼らこそ非難されてもよさそうなものだ。

アトランティコ手稿

CHAPTER 1 自尊力

　一般に自尊心とは、「自分の人格を大切にする気持ち。また、自分の思想や言動などに自信を持ち、他からの干渉を排除する態度」をいいます。つまり、他人の言うことをいちいち気にしていては、自尊力は伸ばせません。

　そこで有効なのが、自分や自分の信じることを否定されたら、それを批判する、という方法。実際、ダ・ヴィンチ・ノートに書かれている内容の多くは、まず批判から入り、その後に自分の意見を述べるというスタイルになっています。

　当時フィレンツェのメディチ家は、「プラトン・アカデミー」という知的サークルを主宰していました。プラトン哲学を中心に学ぶ学者や文人の集まりで、朗読会や講演会にいそしんでいたのですが、そこにダ・ヴィンチは一度も招待されなかったのです。理由は、自分で認めているように、当時の知識人には当然のたしなみだったラテン語もできない無学の人だったから。

　でも、「学がない」とけなされて受け入れてしまったのでは、自尊力が下がってしまう。そこでダ・ヴィンチは、「経験の弟子レオナルド・ダ・ヴィンチ」と自分の存在を定義しました。

　経験を最も重要なものさしとすれば、他人の文章を引用して議論に花を咲かせるサークルの人たちこそくだらない。萎縮するどころか、そう宣言することで劣等感をエネルギーに変換しようとしたのです。

043

評価されているものを批判してみる

背景の描写など研究しても仕方ないと言う人たちがいる。ボッティチェリも同じで、「壁にスポンジを投げつけるだけで、壁に染みができる。その染みだって美しい風景だ」と背景を軽視する。だが、たとえその染みがアイディアを与えてくれても、その細部の仕上げについては不十分だ。ボッティチェリが描いた風景は、あまりにお粗末だった。

ウルビーノ稿本

CHAPTER 1 自尊力

　背景の風景描写にもこだわり抜いたダ・ヴィンチならでは
のボッティチェリ批判です。さらに、ダ・ヴィンチは、得意
の遠近法を武器に批判を続けます。

「サンドロ、なぜ2番目のものが3番目のものより低い位
置にあるように見えるのか、君は説明できないだろう」

　ダ・ヴィンチは、評価されているものをあえて批判するこ
とで、徐々に自尊力を上げていきました。

　でも、単に相手を罵倒するのは批判ではなく、中傷です。
またここで言う批判の真の目的は、相手の過ちを正すことで
はなく、批判を通して、自分の強みを再認識することにあり
ます。

　あなた自身が感じる違和感を大切にしてください。こうし
たほうがよくなる、自分のほうが正しい!　と感じることが
あれば、思い切ってノートやスマホのメモに書いてみましょ
う。

　なおダ・ヴィンチはサンドロと名指しをしていますが、こ
れは特例で、気性が荒いミケランジェロを批判するときには
名前を伏せています。自尊力をアップするための批判であり、
論争を起こすことが目的ではないので、人に見せる必要はな
く、自分の中でわかっていればいいのです。

　相手に対する批判を書いてみると、今度は自分には何がで
きるのかが浮き彫りになってきます。批判は本当のあなたを
知るためのツールなのです。

045

パーフェクト・ロールモデルを持て

画家は、まず立派な師匠たちが手がけた絵に学び、まねをする習慣を身につけたほうがいい。

アシュバーナム手稿

CHAPTER 1 **自尊力**

　ダ・ヴィンチより前に万能の天才がいたことをご存知でしょうか？　彼の名は、レオン・バッティスタ・アルベルティ。絵画、彫刻、建築、詩作、数学、演劇、音楽、運動とその活躍は多岐にわたり、まさにもう1人のダ・ヴィンチです。

　ダ・ヴィンチはアルベルティを徹底的にまねしました。アルベルティが著作『絵画論』で提唱した「ピラミッド（三角形の構図）」という言葉をダ・ヴィンチは何度も使い、実際にいくつもの傑作——『モナ・リザ』『最後の晩餐』『聖アンナと聖母子』など——がその構図で描かれています。

　ここまで徹底してアルベルティの教えを実行した画家はダ・ヴィンチ以外には皆無。手本を習い愚直に実践していった結果、自分も世間から賞賛される万能の天才になっていきました。アルベルティは、ダ・ヴィンチにとっての最高の手本、「パーフェクト・ロールモデル」だったのです。

　この「パーフェクト・ロールモデル」を追う方法を実践して夢を叶えた人が、フリーアナウンサーの古舘伊知郎さんです。古舘さんは、みのもんたさんを日本一の司会者と尊敬し、追いかけるかのように同じ高校、同じ大学の同じ学部に入学、ついに司会者という夢を実現しました。

　あなたにとって一番のお手本は誰ですか？　身近な人、歴史上の人物、芸能人、漫画や小説の登場人物でもいいでしょう。「この人！」と決めたら、とことん同じように振る舞ってみるのは1つの突破口になります。

047

他人の長所を融合させて、コラージュ・ロールモデルをつくれ

架空の動物を描く場合、どうすればリアルに見せることができるか。それには、実在する動物に似せる必要がある。たとえばドラゴンを描きたいのなら、頭はマスティフ犬かポインター犬、眼は猫、耳はヤマアラシ、鼻は猟犬、眉はライオン、額は老いた雄鶏、首は亀を参考にすればいい。

アシュバーナム手稿

CHAPTER 1 自尊力

「パーフェクト・ロールモデル」を紹介しましたが、全面的に尊敬する人が見つからなかった場合は、別の方法があります。それは「コラージュ・ロールモデル」。

コラージュとは現代絵画の技法で、新聞や写真、布や針金などさまざまなものを貼りつけ組み合わせることを言います。

見渡してみると、私たちの身の回りには、キラリと光る長所を持つ人がたくさん存在します。すべてが完璧と思える人はなかなかいなくても、「部分的に優れた人」であればすぐに見つかるはず。

あの先輩の時間の使い方はさすがだな、テレビで見かけた芸人さんの伝え方がわかりやすくて面白い、電車に乗り合わせた人のファッションセンスが素敵、友達からもらったプレゼントに感動した、などいろいろな局面で学びがあるでしょう。

その「いいね！」と感じたことをそのままで終わらせずに、自分も取り入れてみるのです。「いいね！」ポイントを書き留めておき、自分も同じように実践をする。

そうやって部分部分を少しずつ磨き、他人のいいところを自分にコラージュして貼り合わせることで、段々と理想的な自分が出来上がっていくでしょう。

049

大きなリターンは、常に恐怖心の向こうにある

私は思いがけず巨大な洞窟の前にたどり着き、そこにしばらく呆然と立ちすくんでいた。腰を屈めて左手を腰に当て、ひそめた眉の上に右手をかざして洞窟の奥を透かして見た。だが、中は暗くて何もわからない。しばらくするうちに、突然、私の心の中に2つの感情、恐怖と願望が湧き起こってきた。不気味な暗い洞窟に対する恐怖と、その奥に何か不思議なものが潜んでいないか見届けたいという願望だ。

アランデル手稿

CHAPTER 1 自尊力

　レオナルド・ダ・ヴィンチという名前は、ヴィンチ村のレオナルド、という意味です。ヴィンチ村は、フィレンツェから西へ約30キロのところに位置している牧歌的な村で、自然が豊富。現在は、2つのダ・ヴィンチ博物館とダ・ヴィンチの生家があり、観光地となっています。私も生家を訪れましたが、一面にオリーブの木が生い茂り、ブドウ畑の地面には小さなトカゲがヒョロヒョロと這っていたのが印象的でした。

　そんな自然の中をダ・ヴィンチが散策していると、洞窟を発見しました。得体の知れない洞窟に直面して、2つの感情、「恐怖」と「願望」が湧き起こってきたと言います。

　そして、恐怖の感情に打ち勝って洞窟を探検すると——なんとクジラの化石を発見します。大昔にクジラが泳いでいた頃を想像し、連綿と続く悠久なる歴史に想いを馳せたダ・ヴィンチ。この洞窟体験がもとになり、『岩窟の聖母』という傑作が生まれたとも言われています。

　私たちも、人生を過ごしていく中で、時折この洞窟のような未知なるものに遭遇します。そのとき大切なことは、「恐怖」と「願望」のどちらをとるか、その「感情の選択」です。

　誰しも未知のものは不安。でも、新たな経験こそがあなたの視野を広げ、かつてない発想をもたらしてくれるとともに、「怖れを乗り越えた事実」は自尊力も高めてくれます。

051

得意分野で余裕が出てから、不得意なことを補完する

学問もなしに実践に熱中する人は、舵も羅針盤も持たずに航海する船乗りと同じ。どこに向かっているのかまったくわかっていない。実践は常に正しい理論を踏まえて行うものだ。

パリ手稿 G

CHAPTER 1 **自尊力**

　ダ・ヴィンチは、ラテン語が読めなかったために知的サークル「プラトン・アカデミー」に呼ばれることはありませんでした。そのことをずっと根に持っていたのかもしれません。40歳を過ぎてから、初級のラテン語文法書を入手し、語学の勉強を始めています。

　見返そうという気持ちだけではありません。自身の「経験」をベースにしつつ、「理論」で補強することによって、さまざまなものの真理へと到達したいと願ったのでしょう。

　ちなみに30代以降は蔵書量も増加しています。30代半ばで5冊、というところから蔵書の記録が始まっていますが、ほどなく38冊となり、50歳過ぎには116冊と、どんどん増えていきます。記録されている本以外にも読書をしていたでしょうし、なかなか本が手に入らなかった時代にしては相当な読書家でした。

　実はダ・ヴィンチは、著書を出すと決意していたのです。膨大なダ・ヴィンチ・ノートは最終的には50冊を数えましたが、研究内容があまりにも多岐にわたるため整理が追いつかず、生前には出版できませんでした。

　それでも、「無学な人」と自分を定義していたダ・ヴィンチが、晩年にはフランス王から「素晴らしい画家、建築家のみならず、偉大な哲学者」と賞賛されています。ラテン語にしても、誤りが散見されることから完璧とは言えないまでも、努力により使いこなすようになったのでした。

053

自分の仕事が
ナンバーワンと思え

自分を魅惑する美人を眺めたいと思うなら、画家はそれを生み出すことができる。また、もしあなたが、恐ろしい怪物や、おどけたピエロ、同情をする人を眺めたいと思うなら、画家はそれを創り出す主人であり神である。

ウルビーノ稿本

CHAPTER 1 自尊力

　画家は、すべてを生み出すことができる存在、つまり神である、とダ・ヴィンチは捉えていました。「自分は神、つまり最強の存在である」と思うことで、自分の仕事に誇りを持ち、自由な創造力を発揮することができました。

　この思考法、実はピカソとダ・ヴィンチの意外な共通点なのです。ピカソは3歳のとき大地震を経験しました。ピカソ一家は、父親の友人である高名な画家の家に避難します。画家は不在でしたが、しばらくすると帰宅。それと同時に、国王が馬車を連ねて国民を見舞いにやってきました。

　ピカソは、王の行列をこの画家の帰宅を祝うものと錯覚し、画家の地位に憧れます。この体験をきっかけに、19歳でパリに向かう際に描いた自画像に「われは王なり」と書き込んでいます。

　ダ・ヴィンチは神、ピカソは王。無名時代にもかかわらず、最強の存在と自己を同一視することで、2人は一気に自尊力を高めていきました。

　余談ですが、この「神」という表現は、のちに弟子のメルツィが斜線で抹消し、上の余白に「創造主」と書き換えています。これは、宗教会議に始まるローマ教会の検閲強化の動きを見越してのこと。自分を神にたとえることは、あまりに大胆で、冒涜者とみなされる危険性を感じてのことでした。そこまでの危険を冒してまで、ダ・ヴィンチは最強の存在として、世界を創造していったのです。

055

自分の望みを叶えたければ、まず相手の望みを叶えよ

私には、兵器を発明する秘密の技術があります。もし私を採用していただければ、いつでもその効果をお見せしましょう。平和な時代には、建物や運河の建設において立派な仕事をし、他のいかなる人にもひけをとらないと確信をしております。また、彫刻や絵画は他の誰よりもうまく描けます。青銅の馬の制作もできます。一族の不滅の栄光と永遠の名誉を記念するためであります。以上、列挙したどれかが不可能で実行できないと思われるならば、どんな場所でも試す用意があります。謹んで、以上の通り、推薦するものであります。

アトランティコ手稿

CHAPTER 1 自尊力

　ダ・ヴィンチは、自分を評価してくれるパトロン探しを断行し、ミラノ公に自薦状を書きました。

　時は戦乱の世。ダ・ヴィンチは時代に必要とされる仕事は軍事関連であることを悟り、軍事技師のスペシャリストでもないのに堂々とPRしています。たとえば、持ち運びのしやすい大砲の製造や秘密の地下道づくり、砲撃に耐える攻防両方に優れた船のアイディアについて書いています。

　そのうえで自薦状の最後には、芸術に触れています。軍事技師になることは目的ではなく通過点、偉大な芸術作品を創ることこそが目的でした。相手の立場に立ち、パトロンの望んでいることを叶えられると十分にアピールしたうえで、最後に自分の希望もさりげなく伝えているのです。

　自分の望みを叶えるには、まず相手の望みを叶えることが先決です。

　フリーアナウンサーの滝川クリステルさんは、動物愛護の活動が人生の目標でした。そのために、まずアナウンサーとして成功したのちに、生きものたちとの共存を目指す団体を立ち上げました。

　回り道を選ぶことが結果的には早道になることがあります。さまざまな成功体験を積み重ねていき周囲から支持を得ることで、やがて本当にしたいことに集中できるのです。

057

「芸術家」不在の時代に、
「芸術家」を創造した人々

　ルネサンス当時のイタリアでは、実はまだ「芸術家」という言葉が存在していませんでした。「芸術家」ではなく、彼らは「職人」。言葉の違いだけならいいのですが、「職人技芸」（メカニカルアーツ）を生業とする人たちは、「自由学芸」（リベラルアーツ）に携わる人たちよりも低身分とされていたのです。

「自由学芸」は、①文法　②論理学　③修辞学　④数学　⑤幾何学　⑥音楽　⑦天文学　の7つ。さらにこの自由学芸の上位概念に哲学があり、これら7分野を統治するものとして考えられていました。

「自由学芸」に含まれない絵を描く画家は、身分の低い「職人」グループの一員に過ぎない——そんな風潮に立ち向かったのが、ダ・ヴィンチが崇拝する「パーフェクト・ロールモデル」であるレオン・バッティスタ・アルベルティです。

　画家の地位向上を提唱した最初の人物と言われるアルベルティは、画家たちに意識改革を促しました。『絵画論』という本を書き、その中で画家はすべての学芸に通じた知識人を目指すべきだと主張。さもなければ、いつまでたっても画家は職人どまりだからです。とりわけ、幾何学に精通しなけれ

COLUMN

ば、絵をうまく描けないと力説し、さらに教養を身につける
ために文学を勧め、詩人や雄弁家と交流し見聞を広めよと説
いています。

　アルベルティは、画家を単なる手先の器用な「職人」から、
学問的背景を持つ「芸術家」の地位へと底上げし、自由学芸
に通じる人文主義者たちと比肩しうる存在にすることを目指
したのです。

　ダ・ヴィンチは、尊敬するアルベルティにならって、「絵
画は学であるか否か」という命題を設け、「絵画は学である」
と結論づけています。実際に、ダ・ヴィンチが描く絵画は、
幾何学と同様に点、線、面で絵画を構成し、自由学芸の上位
概念である哲学と同一化させているかのようです。

　さらには、解剖学や遠近法、光と影の研究成果も積極的に
取り込んでいきました。

　ダ・ヴィンチのそうした取り組みは、たとえば次のような
言葉に、如実に表れています。

　算術、幾何学、遠近法、どれ１つ不足しても何事もでき
　やしない。

マドリッド手稿

　絵画は哲学であると証明される。なぜなら、絵画は、心
の動きに即応した体の運動を扱うが、哲学も同様に運動

059

を扱うからだ。

ウルビーノ稿本

裸体が存分に振る舞う姿勢や身振りを、十分に描くこと
のできる画家に不可欠のことといえば、神経、骨、筋肉
および腱の解剖学に精通することである。

パリ手稿 L

遠近法は、絵画の手綱であり舵である。

ウルビーノ稿本

画家たちの間で最も非難されることは、光と影の境目が
あまりにハッキリと描かれていることである。

ウルビーノ稿本

　絵を描くことは、決して肉体労働ではなく、崇高な学問で
あるべき。だからダ・ヴィンチにとっての絵画は、美しい描
写だけで終わりません。あらゆる学問を総動員した知の結晶
なのです。『最後の晩餐』や『モナ・リザ』が大衆を惹きつ
けるのも、あらゆる学問に裏打ちされた深みがあるからです。
　絵画を「科学化」するうえで力を入れて研究したことの1
つが遠近法でした。ダ・ヴィンチは、遠近法は「幾何学の長女」
であると言っています。実は遠近法が誕生したのはルネサン

ス期が最初です。建築家のブルネレスキが「線遠近法」を考案し、やがてアルベルティが紹介して絵画にも導入されていきました。

知れば絵の鑑賞が楽しくなる！
3つの遠近法

ダ・ヴィンチは、「線遠近法」に加え、「色彩遠近法」と「空気遠近法」という3つの手法を活用しました。

①線遠近法──任意の1点に向かって複数の線を集約させ、その線に沿って、手前から奥に向けて段々と小さく描く方法
②色彩遠近法──寒色系に近づくほど遠く、暖色系に近づくほど近くに見えることを利用して描く方法
③空気遠近法──距離に応じて、大気の青みの濃さを調整して描く方法

ちなみに、遠い距離にある山並みほど青く霞ませて描く「空気遠近法」は、『モナ・リザ』の背景に描かれている大自然の描写にも取り入れられています。自然を科学的に考察していたダ・ヴィンチは、大気の違いを知ってリアルな描写を実践していったのでした。

ダ・ヴィンチが世界一有名な絵画を描き、万能の天才になれたのも、地位向上を目指して努力をした結果。ダ・ヴィンチは、社会の制度が変わることを待ちませんでした。自分で社会の制度を変えるべく行動を起こし、その甲斐あって、画家は「職人」から「芸術家」へと変わり、低い身分から高い身分へと格上げされたのです。そうして勝ち取った体験は、大きな自尊力となって次なる原動力を生み出していきました。

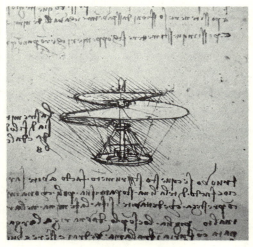

空気スクリュー（ヘリコプター）かつて ANA の
ロゴマークとして採用されたスケッチ　パリ手稿 B

COLUMN

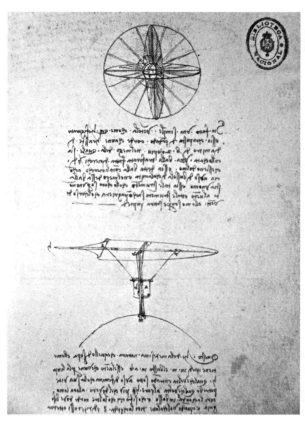

はね車(上)とハンググライダーの原型(下) マドリッド手稿

The Da Vinci Note

CHAPTER 2
没頭力

すべては
フロー状態から始まる

没頭のみが
輝かしい未来を
開く

どんな障害も私を妨げることはできない。あらゆる障害は、ひたすら取り組むことで打破される。

ウィンザー紙葉

CHAPTER 2 **没頭力**

　動物を愛していたダ・ヴィンチ。中でもお気に入りだった
のが馬でした。騎馬像の設計のためということもありますが、
ダ・ヴィンチ・ノートはあらゆる角度から描かれた馬であふ
れています。正面や横、ナナメから描くだけでなく、真後ろ
から見たおしりさえも描く徹底ぶり。馬体の比率を詳細に確
認し、正確に描くことを心がけました。

　これほどの没頭は、人から言われてできるものではありま
せん。本心に突き動かされた、執拗なまでの没頭です。

　ウォルト・ディズニーは、鉄道マニアで知られています。
その情熱は、自宅の裏庭にミニチュア鉄道を作ってしまうほ
ど。ディズニーランドも元々は、蒸気機関車が走る「交通博
物館」を想定していました（実際にアメリカ大陸を流れる大
河の名をつけた蒸気機関車が走っています）。大衆を魅了す
る根本には、やはり没頭の精神があるのです。

　ダ・ヴィンチのレスター手稿を所有するビル・ゲイツは、
13歳の頃には独学でプログラミングをマスターしていたと
いいます。コンピュータの魅力にとりつかれ、創業してから
もプログラミングに熱中。プログラムを書いて、たまに映画
に行って気分転換をし、またプログラムを書く。そんな連続
だったゲイツは、自分の体験を通してこう言っています。

「成功のカギは、的を見失わないことだ。自分が最も力を発
揮できる範囲を見極め、そこに時間とエネルギーを集中する
ことである」

067

ふつうのことに
疑問を持つ

ハエが音を出すのは羽が原因だ。それは、羽を少し切ってみるか、わずかに飛べる程度に羽に少々蜜を塗ってみればわかる。そうすると、羽ばたく際の音はかすれ、羽の障害の程度に応じて、その音が鋭い音から低い音へと変わっていくから。

解剖手稿

CHAPTER 2 没頭力

　あなたの目の前に、ハエがブーンと飛んでいるとします。誰しも「近寄ってくるな、あっち行け」と思うでしょう。ところが、ダ・ヴィンチがハエを見て思ったのは、「このブーンという音は、どこから発生しているのか？」でした。

　ハエという存在自体に関心を持たなければ、この疑問は出てきません。そしてダ・ヴィンチは、観察と実験によってそれが羽から生じていることを突き止めたのです。

　発見は観察から、観察は疑問から生まれます。

　海を越えた異国の地、ギリシャのパルテノン神殿を思い浮かべてみてください。真っ白な柱に支えられた白亜の殿堂をイメージするでしょう。

　ところが、そのパルテノン神殿に疑問を感じた人がいました。「パルテノン神殿は、本当に最初から真っ白だったのか」と——。

　そこで、波長の異なる光を当てて科学的な調査をしたところ、実は極彩色のカラフルな神殿であったことが判明しました。この発見によって、「神殿＝白」というイメージが覆されます。しかも、神殿だけではなく、白い銅像にまでカラフルな彩色が施されていたのです。

　皆が当たり前、常識と思っていることを疑い、関心を持つことで、新たな視界が開けてくるのです。

069

なぜを 5 回以上
重ねろ

なぜ水は流れるのか、なぜその運動は終わるのか。そして、なぜ遅くなったり速くなったりするのかを説明してみよう。さらに、なぜ水は自分より低い空気と境を接すると、常に下降するのか。なぜ水は太陽熱によって空気中に上昇し、やがて雨となって再び落下するのか。また、なぜ水は山々の頂から湧き出すのか。

パリ手稿 E

CHAPTER 2 **没頭力**

　ダ・ヴィンチ研究の権威であるケネス・クラークは、ダ・ヴィンチを「歴史上、最も強烈な好奇心を持った男」と評しました。ダ・ヴィンチの関心は、次の2つに大別できます。

　①世界はどのようにできているのか

　②人間はどのようにできているのか

　世界の成り立ちを明らかにするために、植物学、地質学、天文学を学んだダ・ヴィンチ。次にその世界に生きている人間に関心を持ちました。外側に広がった好奇心が、内側に向き始めたのです。

　動物と比較しながら解剖した人体は30体と記録しており、解剖手稿という専用のノートまで残しています。そこに記されているのは、ふつうの人なら疑念すら抱かない人体の「なぜ」を探求しつくした軌跡。少し抜き出してみましょう。

「呼吸の原因、心臓が動く原因、嘔吐の原因、胃から食物が下がっていく原因、腸が空になる原因、過剰な食物が腸内を動いていく原因、物を飲み込む原因、咳をする原因、あくびをする原因、くしゃみをする原因、手足がしびれる原因、手足のいずれかの感覚が失われる原因、くすぐったさの原因、性欲やその他の肉体的欲求の原因、排尿の原因、そしてこうした肉体のあらゆる自然の生理的作用の原因」

　好奇心のおもむくまま、疑問の解消に没頭する。「ダ・ヴィンチ力」の根源をなす部分と言っていいでしょう。

071

好きなことしか
身につかない

食欲がない状態で無理に食べると健康を損なうように、願望のない学習では覚えられず、学んだことも定着しない。

アシュバーナム手稿

CHAPTER 2 没頭力

　成功するためのダ・ヴィンチのアドバイスもノートにはズバリ残されています。それは、「本当に学びたいことを見つけ、それに打ち込みなさい」ということに尽きます。

　東京に、広尾学園という学校があります。一時は少子化で廃校寸前になったものの、都内で最も中学受験者数が多い学校へと急成長しました。その主因は、従来の偏差値教育を脱した、好奇心重視の柔軟な教育にあります。高校生ながらiPS細胞の研究をし、その成果をスタンフォード大学でプレゼンした生徒もいるほど。知識を詰め込むことよりも、生徒に能動的に学ばせた効果です。

　「明日は日曜ね、あたしは日曜日がきらい」と言ったのは、シャネルのブランドで有名なココ・シャネル。好きな仕事ができないことが苦痛だったのです。喪服ではなく、おしゃれのために女性が黒い服を着るようになったのは、ココ・シャネルの影響だと言われています。

　そんな彼女の趣味は、恋人の服を借りて着ること。男性の服からインスピレーションを得て、新しい婦人服を発表していきました。「自分が着たいと思うもの以外はつくらない」との言葉通り、自分の「好き」にこだわったからこそ、人々を魅了する服を生み出せたのでしょう。

　今も昔も同じ。ダ・ヴィンチがアドバイスするように、自分がしたいことを見つけて貪欲に学べば、効率的に吸収し、高い成果を上げることができるのです。

073

やると決めたら
1ミリも残さず
やり切る

解剖をするときは、頭から始めて足の裏で終われ。骨の関節をすべて外して、骨と骨とを離せ。

解剖手稿

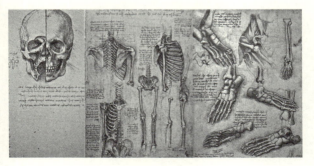

解剖図　解剖手稿

CHAPTER 2 没頭力

ダ・ヴィンチは人体解剖に夢中になりました。頭から足まで全身を解体して、生命の神秘の謎をひたすら探求。100歳で安らかな死を迎えた老人の死因が気になって解剖をしてみたり、眼球の解剖では、視神経十字（視神経の交差点）を世界で最初に発見するという功績も残しました。自身の人並み外れた解剖への熱意について、こう書き残しています。

「いくらあなたが情熱的に取り組みたくても、胃が吐き気をもよおすかもしれないね。そうならなかったとして、皮膚を剥がされた八つ裂きの死体とひと晩過ごす恐怖を乗り越えなくてはならない。怖くなくても、図示するための描写力は別問題だ。デッサンの能力だけではダメで、遠近法の知識もいる。それがあったとしても、幾何学的な証明法や、筋肉の働きや強さの計算方法を知らないかもしれない。最後に、それを繰り返す忍耐力が必要。私が満足な研究を成し得たかは、研究ノートで判断してくれればいい。もし不完全だとすれば、それは怠慢のせいではなく、ただ時間が足りなかったのだと言い切れる」（解剖手稿）

死体の悪臭をものともせず解剖を続け、見るも無残な死体と一夜を明かす。想像するだけでぞっとしてしまいますが、ダ・ヴィンチが恐れていたのは研究が中途半端になることだけだったのです。やり切ってこそ、他者から抜きん出ることができます。そして、自分がやり切ったかどうかを知っているのは、あなた自身だけなのです。

075

質素に才能を育め

質素な暮らしは素晴らしい才能を着実に育み、豪華な暮らしはその芽を摘んでしまう。

アシュバーナム手稿

CHAPTER 2 **没頭力**

　世界一の投資家、ウォーレン・バフェットは、お金持ちになってからも庶民的な食べ物を好むといいます。

　総資産2兆円を超えると言われる億万長者の実業家イーロン・マスクは、かつて脱サラをした後、「1日1ドル生活」をしていました。「ひと月30ドルならいくら好きなことをしながらでも稼ぐことができる」と、夢を追いかけたのです。

　フェイスブックの創業者、マーク・ザッカーバーグの服装は、Tシャツにジーンズ姿が印象的。株式の99％を慈善事業に寄付することを発表しています。

　成功者に倹約家が多いのは世の常なのでしょう。

　ダ・ヴィンチも晩年こそ多額の報酬を得ていますが、実績のない若い頃はその日ぐらしの生活をしていた時期もありました。親方の資格を得て独立したばかりの頃です。見るに見かねた父親のセル・ピエロは、コネを使って息子に修道院の祭壇画を描く仕事を取りつけました。

　小麦やワインの現物支給を前借りして仕事をする有り様で、まったく生活に余裕のないダ・ヴィンチ。でもその絵には才能が光っていました。数多くの画家が手がけてきた『東方三博士の礼拝』がテーマでしたが、大胆な構図で描かれ、未完成ながらも挑戦的な魅力に満ちていました。

　傑作は、最高の環境がそろわないと生み出せないわけではありません。質素な生活だからこそ、周囲に惑わされずに才能の芽を育てる、ということもあるのです。

077

先人を超えるのは、人間の使命

アルベルティが考えた船のスピードを測る方法は、いつも同じ船でなければうまくいかない。その積み荷や帆の位置、波の大きさも同じでなければならない。だが、私の方法はどんな船にも常に使える。

パリ手稿 G

半円の幾何学模様の羅列　アトランティコ手稿

CHAPTER 2 没頭力

　ダ・ヴィンチのパーフェクト・モデルはアルベルティだったことを1章で紹介しました。引用は、そのアルベルティよりも優れた発明をしたことについて記述しています。

　ダ・ヴィンチ・ノートの特徴の1つは、幾何学的図形が目白押しであること。アトランティコ手稿のあるページには、小さな半円がページ一面に隙間なくびっしり敷き詰められていて、ダ・ヴィンチがいかに幾何学に没頭していたかがわかります。

　なぜそれほどのめりこんだのか。幾何学を学ぶことを勧めた師アルベルティの一歩先を行くという目標があったからです。呆れるほど円の図形を描いて考察を重ねた結果、ダ・ヴィンチはこのような言葉を残しています。

「聖アンドレアの夜、私はついに円の求積法を発見した。ローソクの明かりが消え、夜が終わって紙も尽きる頃、時間ぎりぎりに、私はついに解決をした」（マドリッド手稿）

　こんなエピソードもあります。ダ・ヴィンチの絵画の師は、当代随一の工房を構えていたヴェロッキオという芸術家でした。やがて弟子のダ・ヴィンチが、絵の才能を開花させると、見事な描写力に圧倒されるようになり、それ以降は筆をとるのをやめたと伝えられています。

「師匠を超えられない弟子は情けないではないか」（フォースター手稿）

　それは、時を超え私たち全員に課せられた言葉に思えます。

079

たとえ夢を叶えられなくても、得られるものがある

巨大な鳥は、偉大なチェチェロ山の峰から初めて飛び立つ。そして、全世界は驚嘆の声をあげ、あらゆる書物はその名声で一杯になるだろう。それが生まれた巣に不滅の名誉がもたらされますように。

鳥の飛翔に関する手稿

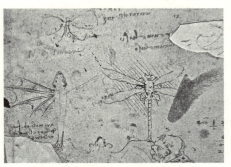

昆虫、鳥、トビウオの比較　アシュバーナム手稿

CHAPTER 2 没頭力

　ダ・ヴィンチの飛行への挑戦は、人類で初めてそれを成功させたライト兄弟より400年早い取り組みでした。ダ・ヴィンチ・ノートには、鳥、トビウオ、トンボ、チョウなど、あらゆる飛行物体を観察し、どうすれば人間も飛ぶことができるかを真剣に考察した様子がまとめられています。

　とりわけ、着目したのがコウモリ。

「まねするならコウモリだ。鳥の羽には隙間があるため、その羽は互いに離れていて空気を通してしまう。しかし、コウモリの翼は強力な骨格によって全体に張られて隙間のない膜を授けられている」（鳥の飛翔に関する手稿）

　ダ・ヴィンチはやがて、人間の筋力では鳥のようには飛ぶことができないと気がつきます。そして、「ハンググライダー」や「はね車」という斬新な飛行方法を考案しました。

　残念ながら当時は成功に至りませんでしたが、空を飛ぶための実験や考察は力学を理解するのに役立ち、ダ・ヴィンチのさまざまな活動に大きなプラスになっていました。「できる・できない」を問わず、まず夢を描いて打ち込んでみること自体に大きな効果があるのです。

　ちなみに500年後の今日、あるスイス人が、ダ・ヴィンチの設計通りにつくられたパラシュートで上空から落下し、着地を成功させています。

081

気がのったときに
打ち込めばいい

時々仕事を離れて、少しは他の気晴らしをしてみるといい。仕事に戻ったとき、あなたはより優れた着想を持つことができるだろう。仕事に打ち込んでいると、あなたは周囲がまったく見えなくなるからだ。

アシュバーナム手稿

CHAPTER 2 没頭力

　歴史家ブルクハルトは、『最後の晩餐』を「この動揺に満ちた傑作」と評価しました。ダ・ヴィンチの名声を確立した作品は、どのように描かれたのでしょうか。

　小説家マッテオ・バンデッロは、少年の頃、ダ・ヴィンチが『最後の晩餐』を描く光景を目の当たりにし、その様子を書き留めています。

「早朝にやってきては、足場に登って仕事を始める。ときには、夜明けから日没まで一度も絵筆をおかず、飲み食いも忘れて休みなく描き続けることもあった。そうかと思うと、2日、3日、あるいは4日もの間、まったく絵筆を手に取らずに、作品の前で腕組みをしながら数時間も立ちつくし、心の中で人物像を綿密に検討していた。はたまた、急にやってきたかと思うと、日差しを避けて歩くことも頭にないようで、そのまま足場によじ登って、絵筆を取って画面にひと筆かふた筆入れると、また去って行くのだった」

　意外に思いませんでしたか？　このダ・ヴィンチの行動から学べることは、常に没頭しさえすればいいのではなく、リズミカルな緩急も必要だということ。

　いくらのめり込んでいることであっても集中が途切れることもあるし、新たなアイディアを練る時間もいります。手を動かす作業はしていなくても、常に念頭におきながら他の行動をすることで、ひらめきを待つことも大切です。

083

ダ・ヴィンチが鏡文字を書いた
真の理由は何か？

　人がやっていないことに果敢な挑戦を続けたダ・ヴィンチですが、中でも文章を鏡文字で記述したことはその代表例です。ふつう、アルファベットで文章を書く際は、左から右に向かって書きます。それは当時のイタリア語でも同様でした。ところが、ダ・ヴィンチは、反対に右から左に向かって書き、さらにすべての文字を反転させながら書き続けていきました。

　鏡文字でｂと書いてあれば、それはｂではなくｄを意味します。鏡文字の文章の横に鏡を置くと、正常な文章で読めるようになります。

　ダ・ヴィンチは膨大なノートを残しましたが、そのすべてがそうした鏡文字で貫かれており、鏡文字ではない箇所は、誰か人に読ませるための手紙であったり、計算式で書かれた数字くらいしかありません。

　なぜダ・ヴィンチは、鏡文字を書いたのか——これまでいろんな説が語られてきました。大半の学者は、その理由を、左利きのダ・ヴィンチにとって鏡文字は書きやすかったからだと効率的な面から説明しています。しかし、書きやすさが理由であれば、ダ・ヴィンチ以外の左利きの人ももっと鏡文

084

字で書いていてもいいでしょう。

　また、秘密を保持するためだったとする「暗号説」もありますが、鏡を置くと読めてしまうので、効果は疑問。実際、ダ・ヴィンチは、人に知られてはいけない情報は、文章を途切れさせて決定的なことは書かなかったり、あえて誤って書くなど工夫を凝らしています。

　そこでさらに別の見方をしてみると、鏡文字で書くことが、脳に負荷を与え、その力をより引き出すことができたから、という想像もできるかもしれません。ダ・ヴィンチは脳にも関心を持ち、頭蓋骨のデッサンも残していることからも、脳をフル回転させる方法として鏡文字を活用していた可能性はあります。

　ダ・ヴィンチが鏡文字を書いていた理由としては、言葉への対抗心という説もあります。1章でも書きましたが、語学力がなかったダ・ヴィンチは、学者や文人たちが集まる「プラトン・アカデミー」とは距離を置いていました。哲学や詩の朗読を行っていた彼らのルーツはやはり言葉です。その言葉をあえて反対から逆つづりで書くことによって、反逆の意を表明していた──そう推察することができます。

　いずれにしても、周囲の誰もやっていない鏡文字で書くという方法は、ダ・ヴィンチの自尊力アップにつながったでしょう。

「自分は今世界で誰もやっていない書き方をしている！」

――そう意識していたのであれば、鏡文字を書く度にどんどん自尊力と没頭力が上がっていったはずです。

　あなたに「何か特別にこだわっていること」があるのなら、それは自尊力と没頭力を高めてくれます。何もなければ、人がやっていないことを習慣にしてみてはいかがでしょう。ダ・ヴィンチ・ノートを見れば、一考の価値があります。

COLUMN

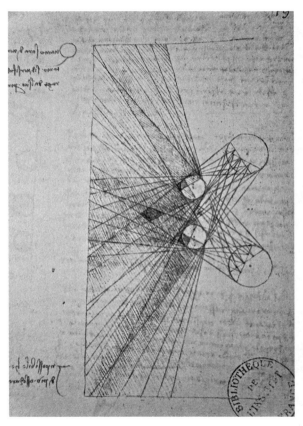

光と影の研究　パリ手稿 C

The Da Vinci Note

CHAPTER 3
洞察力

本質をつかめる人に
勝機は訪れる

目に見えない部分を見抜くには、やり方がある

よく考えない人は、誤ることが多い。

パリ手稿 H

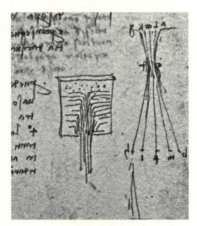

水流をタネの動きで把握する実験　アトランティコ手稿

CHAPTER 3 洞察力

　インターネットの普及によって私たちがふれる情報量は急増しました。スマホがなかった時代に比べると実に530倍も増加しているというデータがあります。

　情報の洪水の中で生活している私たちにとって、いったいどれが信頼に足るのかを選択していくことが肝心です。そのときに必要な力が洞察力。洞察力とは、目に見えない隠れた本質を見極める能力を指します。

　ダ・ヴィンチは、実験を徹底することで、物事の表面には浮かび上がりにくい真実を知ろうとしました。

　たとえば、水はどう流れ落ちるのか。ただ水を流して目視してもわかりにくいのは言うまでもありませんが、ダ・ヴィンチはどうしたでしょう。容器の中に小さなタネをいくつか入れ、その流れを観察したのです。そして開口部から流水はひとたび収縮したのちに拡散していくことを発見します。

　ヴェールに包まれている本質を明らかにするためには、「外からの働きかけ」が必要です。疑問を持って質問をする。耳で聞いた情報ではなく、実際に自分の目で確かめてみる。意外な比較をして検証をする。先を見通して今すべきことを逆算する。常識の枠組みを外して物事を考える。

　いずれもダ・ヴィンチが実践していたことですが、問題に対して少し動的な働きかけを意識することで洞察力も磨かれていきます。本来、考えるとはそういうことを言うのでしょう。

まず終わりから入れ

よくよく終わりを考えよ。終わる前に気を配れ。

パリ手稿H

CHAPTER 3 洞察力

　教皇レオ 10 世から絵を描くように依頼を受けた際、ダ・ヴィンチは、まず仕上げ用のニスから作り始めました。それを見た教皇は、「この男は何 1 つ完成しないだろう。作品に手をつける前から完成後を考え始めているのだから」と呆れかえったと言います。仕上げよりも、まずなすべきことがあると考えたのでしょう。

　私たちは日々、黙々と目の前の To Do リストに取り組んでいます。それは大切な姿勢ですが、目先の課題に一生懸命になるが故に、最終的な目的を見失う危険があります。

　その点、このダ・ヴィンチの逸話は、終わりから逆算することの必要性を教えてくれます。仕上げのイメージが明確にあるからこそ、必要な過程が決まる、という方法論です。

　この順番で物事に当たると、自然と洞察力が高まります。

　発行部数 5 億部を超え、ギネス記録にも認定された漫画『ワンピース』は、ひとつなぎの大秘宝（ワンピース）を求めて冒険をする海賊物語。27 年以上連載を続けている作者の尾田栄一郎さんは言います。「最後だけ決めている。そこまでどうたどり着くかは別に決めていない。その代わり、どういう道を通っても絶対面白くなるラストは考えてある」。

　ストーリーの途中に張られるさまざまな伏線も『ワンピース』の魅力。読み進めていくうちに、あのときの謎はそういうことだったのか！　とキレイに回収されていきます。これもまた、ゴールが決まっているからこその芸当なのです。

093

死を念頭において生きろ

「生」について学ぶつもりだったのに、「死」を学んでいるのだろうか。

アトランティコ手稿

CHAPTER 3 洞察力

なぜダ・ヴィンチは、自分のやりたいことを満喫できたのか。答えは、真面目に「生」と「死」を見つめていたから。

スティーブ・ジョブズが、毎朝自分に問いかけていた有名な質問があります。

「もし今日が人生最後の日だったら、僕は今からすることをしたいと思うだろうか？　その質問に対して、あまりにもノーが続く毎日なら、それは何かを変えないといけない証拠だ」

本田圭佑選手は「自分にとってサッカーは人生のウォーミングアップ」と語ります。サッカースクールを経営し、香水やネクタイ、革製品などの商品も自らプロデュース。さらには、本気で政治家を目指していたこともあると語る本田選手のマルチな原動力は、人生を有限と捉える姿勢にあります。

「サッカー選手だけで終わらせたくない思いが強い。死ぬっていうことに対しての意識が僕は人よりもすごく強くて、普段からとにかく後悔したくない、人はいずれ死ぬんだと思ってます。じゃあ、何のために生きてるのかということまで考えるようになって、サッカーをするために生きてきたはずはないと。そんな人間は一人もいない」

人はなぜ生きるのか。どう死を迎えるのか。ダ・ヴィンチが短い言葉で表現しているように、それは究極のテーマです。たとえ目指していた職業に就いても、人生にはまだ先があります。自分にとって本当に後悔しない人生とは何か、たまには立ち止まって考えてみましょう。

何事も比較して考える癖をつける

玉ねぎを中心から半分に切ると、その玉ねぎの中心の周りに同心円をなす皮の層が見える。同じように、もし人間の頭を半分に切るなら、まず頭髪をすべて切り落とし、それから頭皮、頭筋、頭蓋骨膜、頭蓋骨が見える。さらに内部では、脳硬膜、脳軟膜、脳、最後は土台となっている骨を切ることになるだろう。

解剖手稿

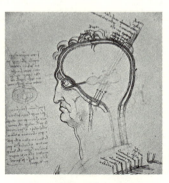

玉ねぎと頭部の比較　解剖手稿

CHAPTER 3 洞察力

「100円玉は大きいか、小さいか」と聞かれたらなんと答えますか？　答えは、どちらでもありません。なぜなら100円玉は1円玉よりは大きく、500円玉よりは小さいからです。

　比べてみることで、そのものの価値がわかるときがあります。解剖手稿にある「玉ねぎと頭部の比較」の図を見れば、思考する際に「別のものさし」を置くだけで考えやすくなることが一目瞭然です。

　ダ・ヴィンチには異常なほどの比較癖がありました。そのスケールも壮大。たとえば、「人体」と「地球」を比較し、血液は水脈、骨は岩に類似していると捉えています。

　また、『岩窟の聖母』という作品は2つあり、パリのルーヴル美術館とロンドンのナショナルギャラリーに同じタイトルで展示されています。両方ともほとんど同じ絵ですが、見比べてみると10箇所以上違いが見つかります。まるでその違いを通してメッセージを伝えたかったかのようです。

　比較は世の中を正しく見るための基本。たとえば、①体重はふつうで運動をしない人と、②肥満で運動をする人、どちらが健康的だと思いますか？　①と答える人も多いと思いますが、サウスカロライナ大学の研究によれば、②のほうが①よりも半分も死亡率が低いことが判明。比較をすることで、いかに運動することが大切かが見えてきます。

「伝え方」という意味でも、単に「運動が大事」と言うよりも、この研究の結果を言ったほうが説得力があります。

097

海外の人と知恵を交換せよ

異なる半球に別れ住む人々に告ぐ。お互いの言語を理解し、一緒に語り合い、抱擁し合うように。

アトランティコ手稿

CHAPTER 3 洞察力

　イスパニア人、スキティア人、アラビア人、アッシリア人、エウボエア人、エジプト人、エチオピア人……と実に多くの人種がダ・ヴィンチ・ノートに登場します。

　「トルコ人バルトロメオに、海の潮汐作用について知っているか手紙で問い合わせよう」という記述があったりと、意識的に海外交流を行っていたことが窺えます。

　現代では世界がインターネットでつながり、大規模な情報交換が可能となりました。かつて電話が世に登場した際、5000万人の利用者を獲得するのに50年かかったのが、X（旧Twitter）はわずか2年だったと言います。これは、世界規模での情報交換へのニーズが潜在していた証左。はるか昔に見抜いていたダ・ヴィンチの慧眼にここでも驚かされます。

　「ヨーロッパ人は、長い爪は恥ずかしいものと見なすが、インディアンにとっては、模様で飾った長い爪が紳士にふさわしい身だしなみである」

　こうした考察からもわかるように、異文化交流は、新しい視座を手に入れるきっかけだったのです。

　一方、パリ手稿で「人類はお互いの話が通じない事態に遭遇するだろう。すなわちドイツ人とトルコ人の間」と記し、言語の壁が交流を妨げることを危惧していました。しかし今日、何十か国語に対応した通訳機も開発され、ネット翻訳も日々進化を続けています。ダ・ヴィンチが涙を流して喜びそうなこの恵まれた環境を、積極的に活用したいものです。

099

言説を信じるな、現地を当たれ

ノアの時代に襲来した大洪水は、普遍的なものであったかどうかという疑惑。複数の理由によって、否定せざるを得ない。

アトランティコ手稿

CHAPTER 3 洞察力

　なぜ山頂で海の生物の化石が見つかるのか。「ノアの大洪水のときに海の生物が山頂まで押し上げられて残ったから」という聖書説が18世紀まで支配的な学説でした。

　しかしダ・ヴィンチは、16世紀初頭、聖書説は誤りであると地質学的調査によって論破しています。

　その過程が秀逸。山で地層を調査したダ・ヴィンチは、貝の化石層が2段に分かれていることを発見します。でも聖書には、「ノアの洪水以前にも山は海の底にあった」などとは書かれていません。化石層が2段あるなら、大洪水は2回あったはず。

　疑問を持ったダ・ヴィンチは、次に化石の配列に着目します。すると貝殻の化石は規則的に並んでいたことから、洪水の渦に飲まれて流されたとは思えないと分析。さらに化石の重さから考えても、洪水によって海から山頂に運び上げられるはずがないと主張します。おまけに発見した二枚貝は、殻が対になった完全な状態で地層から発見されました。もし洪水で激しく流されたならば、破損しているはず……。

　こうして貝殻だけで聖書を論破してしまったダ・ヴィンチ。時代背景を考えれば、驚きに値します。

　科学が発達した今日でも、信じられていた言説が間違いだったと証明されることがあります。情報を鵜呑みにするのではなく、常識を疑い自分で確かめてみれば、面白いことが見えてくるかもしれません。

101

本物は
「科学の目」で
見極めろ

ニセの科学である手相学について、私は長々と話すつもりはない。なぜなら、そこに真実はないからだ。ただの空想の産物であり、科学的根拠がない。顔の特徴については、ある程度、人々の性格の良し悪しを表しているというのは確かだ。だが、手に関しては違う。大勢の軍隊が刀で殺されたとき、どの手相もバラバラに異なるだろうし、それは船が難破した場合でも同じだ。（中略）愚かな人々を相手に占いで食っている星占術師よ、私を許してくれ。

ウルビーノ稿本

CHAPTER 3 洞察力

　あらゆることを探求したダ・ヴィンチ。その動機をひと言で言うならば、「真実」が何かを見極めようとしていたのです。故に、「ニセモノ」と思えることには、強い拒絶反応を示しました。占い全般を否定し、降神術師と魔術師は「最大のバカ」であるとさえ言い放つ。真実に対して潔癖症だったと言っても過言ではありません。

　そんなダ・ヴィンチが一歩譲歩して認めたのが、人相学でした。人相と性格の関係を具体的に述べてもいます。

　「唇と鼻と目を分けるしわの線がハッキリしている顔の人は、陽気でよく笑う人である。一方、その線があまり刻み込まれていない人は、思慮深い人である。さらに、顔の各部分が大きく盛り上がったり凹んだりしている人は、動物的で怒りっぽく、理性を欠いた人である」

　20世紀に入ると、脳科学と統計学を組み合わせた「人相科学」（パーソノロジー）という分野が確立します。裁判所の治安判事だったアメリカ人が、数千人の犯罪者の顔には共通の特徴があることに気づき、研究を始めたことが発端です。

　研究の結果、犯罪者の顔を見ただけで、その人がどんな犯罪をしたのかを、ほぼ正確に推測できるようになったといいます。その後2万人以上を対象とした追跡調査から、85％以上の精度で、顔つきから性格パターンがわかるようになりました。ダ・ヴィンチから400年後の出来事ですが、やはり、ダ・ヴィンチの先見性には目を見張るものがあります。

103

流行に流されない
スタイルを
１つ持て

私が子供の頃、身分の高い人から低い人まであらゆる人が、頭はもちろん、足から腰にいたるまで、鶏のとさかのような縁飾りをつけているのを見た記憶がある。
あるときは服を長くすることが流行って、裾を踏まないように常に両手で持っていなければいけなくなった。と思うと今度は、極端に小さな服が流行り、窮屈過ぎて服が破れる。さらに細長過ぎる靴を履いては、靴の中で足の指を折り重ね、まめだらけにしている。

ウルビーノ稿本

CHAPTER 3 洞察力

　流行に踊らされている人を皮肉った言葉です。ダ・ヴィンチはと言えば、長い服が流行しているときに短い丈にして、自分の好きな色であるローズ色の服をまとっていました。

　現代のダ・ヴィンチと言われたスティーブ・ジョブズは、スーツではなく、いつも黒のタートルネックでプレゼンのステージに現れていました。このスタイルが生まれたのは、日本に出張した際、ソニーで働く人の制服を見たことがきっかけだったといいます。

　会社と社員を結びつけるものがほしいと思い、アップル社のための服をソニーの制服デザイナーだった三宅一生さんに依頼。ところが、個性を重んじるアメリカ人だからか、アップルの社員からは不評を買ってしまい、結局自分だけが着ることになりました。

　体にぴったり合うオーダーメイドで抜群の着心地だったため、家には同じ服が100着保管されていたそうです。結婚式にもこのスタイルで参加したという話が残っているほど自分のポリシーを貫き通しました。

　成功者の話に共通して出てくるのは、自分だけの特別なこだわりです。周囲の人が誰一人やっていなくても、自分にとって重要であれば臆せず実行に移す。そして、代名詞となるまで続けるのです。

　そうやって「トレードマーク」を手にすることで自尊力が上がると共に、流行に流されない洞察力も高まっていきます。

105

悩んだら、自問自答して問題点を「見える化」せよ

かわいそうに、レオナルドよ。なぜお前はこんなに苦しむのか。

アトランティコ手稿

CHAPTER 3 洞察力

　万能の天才といえど、順境もあれば逆境もあります。はたから見ると幸せそうに見えても、実際はそうでないことも。「見ればただ　何の苦もなき水鳥の　足に暇なき我が思いかな」と述懐したのは水戸黄門として有名な徳川光圀です。堂々としている黄門様でも、焦りを感じたり、思い悩んでもがくことがあったのです。

　モヤモヤは物事が進まないこと自体より、うまくいかない原因がわからないときに大きくなります。そんなときダ・ヴィンチはどうしていたでしょう。

　ダ・ヴィンチが質問の鬼であることはすでに述べてきた通りですが、壁にぶつかったときは、「答えは自分の中に眠っている」のではないかと俯瞰して考えていました。

　実際、自問自答は有効な問題解決方法です。

　カリフォルニア大学など、アメリカの大学が共同で研究した報告によると、たとえば新年に「○○をします！」と宣言するよりも、自問自答するほうが達成率が上がることがわかりました。これを「質問行動効果」といい、この効果は6か月以上続くとされています。もしダイエットしたいのであれば、「今年こそダイエットをする！」と宣言するよりも、「なぜダイエットをしたいのか」と自問自答し、その理由を紙に書き出して「見える化」します。自分に投げかけて疑問点をはっきり認識し、それを乗り越える方法に心の中で合意しておくことが、問題解決につながるのです。

107

柔軟な頭脳をつくる
マイ・ディクショナリー

このコラムでは、ダ・ヴィンチが実践していた「言葉で柔軟な脳をつくる方法」をお伝えします。

あなたは、本やネットの記事を読んでいてわからない言葉を見かけたら、どうやってその意味を調べますか？　語彙力がある人に聞いたり、辞書を引いたり、あるいは、瞬時に調べられるネットで検索しているよ、という方も多いかもしれません。しかし、ネット検索は便利な反面、紙媒体の辞書のように詳しい説明が省略されている場合も多いのです。

私はある日、辞書の偉大さに気がつきました。気づかせてくれたのは、辞書の魅力をフルに伝えた小説で、映画化もされた三浦しをんさんの『舟を編む』です。

『舟を編む』では、「大渡海」という新しい辞書をつくる過程が紹介されています。「今を生きる辞書」がコンセプトの「大渡海」では、次のような方法で収録語を選びます（リアルさも売りの小説で、実在の辞書も登場しています）。

まず、約6万語収録の国語辞典の言葉は掲載。次に、代表的な辞典である『大辞林』『広辞苑』のどちらにも載っている言葉は載せる方向で、片方にしかない言葉は載せない方向で検討。

COLUMN

　そして最も重要なのが、どちらにも載っていない言葉の扱いです。他の辞書には載っていないどんな言葉を選ぶかで、個性が決まるからです。

　また、定義や例文にも工夫が凝らされます。たとえば、「右手」の意味を説明しろと言われたらどう伝えるでしょうか。「左の反対」というのはカンタンですが、あまり芸がありません。作品の中では、次のように紹介されていました。

「西を向いたとき北にあたるほうが右」

「時計の１〜５時の方向」

「10 と書くとき、0 のほうが右」

　表現の仕方は無限です。

　たとえば、「恋」についてネット検索で意味を調べると「特定の人に強くひかれること。また、切ないまでに深く思いを寄せること」（デジタル大辞泉 コトバンク /goo 国語辞書）と出てきます。少々味気ない記述ですが、これが小説の「大渡海」ではこうなります。

「ある人を好きになってしまい、寝ても覚めてもその人が頭から離れず、他のことが手につかなくなり、身悶えしたくなるような心の状態。成就すれば、天にものぼる気持ちになる」

　なお、個性的な解説で有名な『新明解国語辞典第５版』で「恋愛」を引くと、「特定の異性に特別の愛情をいだき、高揚した気分で、２人だけで一緒にいたい、精神的な一体感を分

109

かち合いたい、できるなら肉体的な一体感も得たいと願いながら、常にはかなえられないで、やるせない思いに駆られたり、まれにかなえられて歓喜したりする状態に身を置くこと」と、さらにリアルな説明がされています。

ちなみに、同辞典の第7版では、「特定の異性に対して他の全てを犠牲にしても悔い無いと思い込むような愛情をいだき、常に相手のことを思っては、2人だけでいたい、2人だけの世界を分かち合いたいと願い、それがかなえられたと言っては喜び、ちょっとでも疑念が生じれば不安になるといった状態に身を置くこと」と意味が改められており、常に検討が加えられていることがわかります。

言葉の意味の正解は1つではありません。辞書を編纂している人の感性や経験、表現力によって説明が変わってくるのです。

ダ・ヴィンチは、あたかも自分で辞書をつくるかのごとく、熱心に言葉の定義をしています。ちなみに、恋愛については、「ただ恋だけが私の心にとどまり、恋だけが私を燃えたたせる」と、文字と絵と音符を組み合わせた暗号文で書き残しています。

凡人と天才の分かれ目の1つは、凡人は受動的に受け取るだけなのに対し、天才は能動的に生み出している、という差にあります。それは言葉の意味づけについても言えるでしょう。

COLUMN

　たとえば、ダ・ヴィンチは、「重力」、「光・闇・影」について、自分ならではの定義を書いています。

重力

　①重力とは、元素の一部が、その物体中から引き出されて、他の元素内に引き入れられたとき、もとに帰ろうとする欲求に他ならない。

　②重力とは、ある元素が移されて、他の元素内に押し込められ、その場所から、絶え間なく押し出そうとして脱獄を試みるある種の突進力ないし脱走の欲求である。

　③重力とはある種の威力に他ならない。

マドリッド手稿

光・闇・影

　①光は闇の駆逐者であり、影は光の遮断である。

アトランティコ手稿

　②闇は、影が最大の強さを発揮した状態であり、光はその最小の状態である。

アシュバーナム手稿

　③影とは、光と闇の減少であり、闇と光の間にある。

解剖手稿

　「重力」については、同じノートの中で上記以外に10もの意味をあげて検討しています。「光・闇・影」についても複数の定義があり、こちらは別々のノートに書いています。

　誰かの解釈を引用せずに、時には比喩を使って、独創的な

111

アイディアで言葉を定義してみる。そうすることで、脳は活性化され、ダ・ヴィンチのように柔軟な思考ができるようになるかもしれません。

　そのために、自分だけの「マイ・ディクショナリー」をつくってみてはいかがでしょうか。

　さあ、あなたは「恋愛」を、「重力」を、「光と影」を、どのように定義しますか？

COLUMN

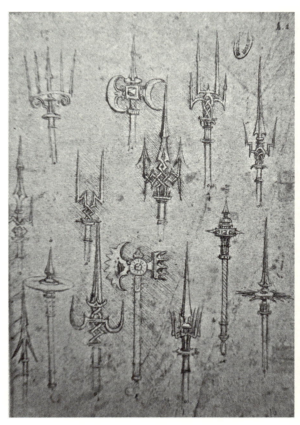

槍・斧のデザイン　アシュバーナム手稿

The Da Vinci Note

CHAPTER 4
創造力

ダ・ヴィンチは組み合わせの
魔法使いだった

「イノベーション」ではなく「リノベーション」で生み出せ

人はみな、我流で制作しては、自分は描くのが上手だと思っている。このような欠点は、自然の作品から一切教えを受けずに制作し、作品をたくさんつくることだけを考えている人たちに見られる。画家は自分自身と対話しながら、自分の見ているすべてのものを熟考し、そこから最も卓越した部分を選ばなければならない。

ウルビーノ稿本

CHAPTER 4 **創造力**

　日本ベンチャー白書などのデータによると、日本ではスタートアップ企業が生まれる比率が著しく低いことがわかっています。日本に比べてインドは3倍、中国は10倍、アメリカは45倍もイノベーション事業に力を注いでいます。

　でも、悲観することはありません。日本はイノベーションをするよりも、リノベーションを得意とする国だからです。「0から1」、つまり無から有を生み出すイノベーションに対し、リノベーションは既存のものを改良し、「1を2、あるいは3にも5にもすること」を言います。

　一般的に、ダ・ヴィンチは天才だからという理由で、イノベーションを得意とした人と思われがち。確かに斬新な創造もしていますが、実は他の画家が描いた絵を参考にして自分のアレンジを加えるのが得意でした。軍事兵器や解剖スケッチ、科学的発明にしても、先人の書物にヒントを得て、改良を重ねたものが多く見受けられます。

　ダ・ヴィンチ自身が言うように、創造力とは、熟考して卓越した部分を選び組み合わせる力。我流で無理してゼロから生み出すよりも、優れたものを組み合わせればいいのです。

　ダ・ヴィンチのリノベーションには基準が3つあります。先人の発想を学ぶこと。既存のものに自分のメッセージを加えること。そして、見た目を洗練させ新しく見せること。リノベーションを得意とする日本人が学ぶべき手法です。

117

「対極のもの」が インパクトを生む

物語を描く絵では、対比の効果を演出するために、正反対の両者を一緒にしておくといい。つまり、醜い人と美しい人、大きい人と小さい人、老人と若者、強い人と弱い人などが、互いに近いところにいればいるほど、そのコントラストは大きくなる。だから、できるだけ異なる者どうしをくっつけておくといい。

ウルビーノ稿本

老人と若者　ウフィッツィ美術館

CHAPTER 4 **創造力**

　青年と老人が向かい合った絵。2人は中央で交差し一体になっているようにも見え、強烈なインパクトがあります。

　よく見ればアルファベットのUの字のようになっていて、まるで正反対の極を持つ磁石のようでもあります。磁石がたくさんの砂鉄を引き寄せるように、「異なるものの組み合わせ」は大きな吸引力を生み出します。

　2017年に日本で公開された映画は1187本。年間興行収入1位は124億円を記録したエマ・ワトソン主演の『美女と野獣』でした。2位は73億円ですからダントツのヒット。ストーリーやキャスティング、映像美が優れていたこともありますが、大ヒットの要因は正反対のヴィジュアルを組み合わせたそもそものコンセプトにあったのではないでしょうか。

　他にも、トムとジェリー、ムーミンとスナフキン、ホームズとワトソンなど、対象的なキャラクターのコンビは、とても印象に残ります。

　私たちも周囲を魅了したければ、自分の中に正反対の性質を内在させてみるという方法もあります。好きな女性アナランキング5年連続1位に輝き殿堂入りを果たしたのは、水ト麻美アナ。アナウンサーと言えばテレビの向こう側にいるきらびやかな存在。でも水トアナは、アナウンサーでありながら大食いでぽっちゃり体型と、親しみが持てる印象がお茶の間に支持され、不動の人気を獲得しました。ギャップをあわせ持つ「マグネット人間」が注目される時代なのです。

119

異種コラボが日常を打開する

敵の地下道の位置を知りたければ、穴が作られていると疑われる場所すべてにタイコを置け。次にタイコの上に1組のサイコロを置け。君が穴の掘られている所の近くにいるとすれば、敵が掘り進める度に、サイコロはタイコの上で若干はね上がるだろう。

アシュバーナム手稿

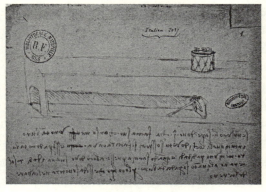

タイコの上にあるサイコロ　アシュバーナム手稿

CHAPTER 4 **創造力**

　ダ・ヴィンチ・ノートは、発明メモのオンパレード。やすり製造機、オリーブの圧搾機、水の上を歩くための道具……専門的な知識によって生まれる発明がある一方、ひらめきさえあれば誰でも思いつける発明があります。

　それは、「まったく別の世界にあるものを組み合わせる」という方法です。ダ・ヴィンチは、タイコとサイコロという、そのもの自体の役割を考えると、決して交わることのない２つを組み合わせて、新しい道具を発明しました。この発明そのものはたいしたものではありませんが、ダ・ヴィンチの頭の中に常に「異種コラボ」の発想があった証拠です。

　孫正義さんも若いときから特許取得を目指し、組み合わせ法を実践していました。在学中に世界初の音声つき電子翻訳機を発明して、シャープと１億円の契約をしたのは有名な話。

　そして現代はまさに「コラボ」ブーム。それも、葛飾北斎とスヌーピーをコラボしたグッズが発売されたり、阪神タイガース仕様の国語辞典がベストセラーになるなど、無関係なもの同士の意外な組み合わせが支持されています。

　異種コラボを考える際に孫さんは面白い方法を紹介しています。単語カード 300 枚に、無秩序にさまざまな名詞を書いていき、それができたらランダムに３枚めくる。その３つを組み合わせます。たとえば「酒」「インテリア」「鳥」であれば、「飲み終わった後も飾りたくなる鳥のデザインのお酒」というように。ゲーム感覚で試してみてください。

121

あえて矛盾する
言動をせよ

呼吸を止めずに、どうすれば水中にとどまることができるか。その方法については記さずにおく。公表しない理由は、邪悪な人間たちが、海底における殺人に利用するかもしれないからだ。

レスター手稿

CHAPTER 4 創造力

　ダ・ヴィンチは時々矛盾したことを言います。自分を「無学の人」と称し、経験を重視しているかと思えば、やはり学問も大切であると力説。戦争は「野獣的な狂気」と批判しているにもかかわらず、兵器を開発している。引用したレスター手稿の文章では、潜水艦について言及しながら、非人道的であるため、そのつくり方は公表しないと言う。

　場面場面で自分を切り替えることができたのが、ダ・ヴィンチのすごいところです。一度決めた見方を固定せず、常に別の角度から検証することを怠らない。ここにクリエイティブの原点があるように感じます。

　「矛盾」という言葉は、あらゆる盾を貫く「最強の矛」と、あらゆる矛から守る「最強の盾」、両者が衝突したらどうなるのか、という疑問を語源としています。もし、あなたが矛をつくる武器屋であれば、世界中の武器を研究し、名刀をつくる師匠に弟子入りをするかもしれません。反対に盾をつくる立場であるならば、世界で最も硬い材質を探し求めたり、剣を受け流すために特殊コーティングを表面につけるかもしれません。

　矛には矛なりの、盾には盾なりの理論的世界観があるのです。状況に応じて、たとえ自分の意見と真逆であっても、さっと立場を置き換えてみる。自分の利害を優先した一方通行の見方ではなく、相手の立場に立って物事を考えてみれば、視野は2倍広がり、柔軟な創造性も生まれてきます。

123

型にはめず、
多様性にこだわれ

人体というものは、均整がとれていたり、太って背が低かったり、痩せて背が高かったり、中肉中背のような場合もある。それなのに、このような多様性に留意しない画家は、人物像をいつも型通りに描くので、すべての人が兄弟のように見えてしまう。これは大きな非難に値する。

ウルビーノ稿本

CHAPTER 4 創造力

　目の前の現象を画一的に受け止めて単純にアウトプットする。ダ・ヴィンチの最も嫌ったことの１つです。型通りに取り組むことは本人にとっては楽でも、成長につながらず、また周囲に対して大きな影響力を与えることもできません。

　京セラの創業者である稲盛和夫さんは、「社会に出てから今日まで通いなれた道を歩いたことは一度もなかった」と語っています。昨日よりは今日、今日よりは明日と「常に創造的な仕事をする」ことが、中小企業から大企業へと脱皮する基本的手段であると。たとえば、掃除のときのほうきの使い方１つとってみても、昨日とは違う掃き方はないのか、小さな創意工夫ができないか考える癖が大切だと言います。

　絵画の教則について説いているウルビーノ稿本には、「多様性」という言葉が何度も出てきます。人物を同じように描いてはいけないし、木１本とってみても、同じ緑色で描いてはならない。たとえ、同じ種類の木であっても、色と形は異なるのだから、できるだけ多様に描くこと、それができないのは最大の欠点だと注意を促しています。

　現存していないダ・ヴィンチの幻の絵画『アンギアーリの戦い』は、いくつか模写が残っていますが、戦争を「野獣的な狂気」と呼んだすさまじさが描かれています。その真に迫る人物と馬の大胆な構図は、芸術家が手本とすべき「世界の学び舎」となったとまで評されています。型にはまらない多様性こそが人に感動を与えるのです。

125

ユーモアがあれば、辛いときも乗り越えられる

ある画家が、次のような質問をされた。君は静物の形はそれなりに美しく描けるのに、どうして子供たちはとても醜くなってしまうのかね、と。すると画家は言った。「絵画は昼間制作するが、子供は夜つくるのでね」と。

パリ手稿 M

猫・ドラゴン・小動物の習作　ウィンザー紙葉

CHAPTER 4 **創造力**

　めいめい気ままに振る舞う大勢の猫たちの中で、1匹だけ後ろを見ながら歩いている異色の生き物がいます。ドラゴンです。ダ・ヴィンチ・ノートには、この未知の生き物が何度か出現しますが、この絵に1匹だけ潜り込ませた描写に、ユーモアのセンスを感じます。

　ユーモアは創造力と相関性があると言われていますが、人間力を高めて周囲を魅了する最強の魔法でもあります。

　チューリッヒ大学では、「長期的なパートナーに求める性格」について、18〜44歳の327人を対象に16項目のアンケートを取りました。ランキングのトップ3は、1位＝親切さ・共感力、2位＝知性、3位＝ユーモアのセンス。外見は6位で、ユーモアのセンスのほうが上位でした。長期的に良好な関係を築くためには、内面を洗練させることが大切なのです。

　好きな男性の対象として、「面白い人が好き」をよく聞きますが、ユーモアのセンスがある人は異性から好かれ、また結婚生活も長続きすることが報告されています。

　アメリカのウィンスロップ大学ではユーモアと幸福度の関係性について20〜94歳の155人を対象に調査をしたところ、冗談を言う人ほど自分の人生に対する満足度が高いことがわかりました。

　アインシュタインもユーモアについて言及しています。「唯一の救いは、ユーモアのセンスだけだ。これは、呼吸を続ける限りなくさないようにしよう」

ミステリーを残せ

立派な作品、それによって将来の人々に私が〇〇〇であったことを証明することができるだろう。

アトランティコ手稿

CHAPTER 4 創造力

ここで引用した文章には、一番知りたい肝心な言葉が抜け落ちています。一体、ダ・ヴィンチは、自分を何者であったと考えていたのでしょうか。

他にも金を太陽、銀を月、銅を金星と、材質を惑星にすり替えていたり、謎かけは大の得意。「判じ絵」（絵に置き換えられた言葉を当てるなぞなぞ）でも人々を楽しませました。

小説『ダ・ヴィンチ・コード』で話題になったように、絵画作品の中でも謎が見受けられます。その真偽については種々批判もされていますが、ダ・ヴィンチに暗号思考があったことは間違いないようです。

ところで、なぜ『モナ・リザ』が世界一の名画なのか――誰もが一度は思う疑問でしょう。絵画としての出来はもちろん、『モナ・リザ』の魅力はなんと言っても「ミステリー」。

そもそも誰を描いたのか。諸説あるものの、フィレンツェの絹織物商人フランチェスコ・デル・ジョコンドの妻リザ・デル・ジョコンドだというのが通説になっています。

ところが不思議なことに、『モナ・リザ』は依頼主の手に渡ることはなく、ダ・ヴィンチは死ぬまで加筆修正を加えています。そこには単純な１人の女性を描く以上のメッセージがあったのではないでしょうか。

なぜ背景に大自然を描いたのか。なぜ微笑んでいるのか。なぜ喪服のような暗い色合いの服を着ているのか。ミステリーは想像を掻き立て、効果的に人の心を惹きつけるのです。

129

徹底的に
リアルであれ

人物像において心情を表現する動作は、心の動きに完全にマッチしているように描き、その動作に大きな愛着心と熱意が表れていなければならない。さもないと、その人物像は一度ならず二度死んでいる、と言われるから。つまり、その人物は絵空事であるから一度死んでおり、それが心の動きも体の動きも示していなければ、二度目の死を迎えることになる。

ウルビーノ稿本

CHAPTER 4 **創造力**

　ダ・ヴィンチのデビュー作『受胎告知』の床に敷かれたテラコッタのタイルには、焼成時にできる小さな空気の穴がすべて描かれています。登場する天使の翼は、虹色や金色で派手に描くのが従来の慣例でしたが、ダ・ヴィンチはリアルな茶色い翼を描きました。世界一有名な絵画『モナ・リザ』では、「スフマート」と呼ばれる煙のようなぼかした輪郭で人物を描き、まるでそこに本物がいるかのような錯覚を与えることに成功しました。

「リアリティを生む要素が表面の奥に隠れているのを探すことが創造に役に立つ」。映画監督・黒澤明さんの言葉です。リアルさの追求は徹底しており、いくつものエピソードも残っています。望遠レンズでのぞいたら時代劇のセットに釘の頭が出ていたので撮影をやめてしまった。城門の形が十分にリアルに見えないという理由で、一大ロケ・セットを全部壊して建て直させた。開けもしないタンスの引き出しに、当時の暮らしに必要な衣類を入れていた。しかも家族構成を想定した全員分の衣類だったといいます。

　まさしく、「神は細部に宿る」。黒澤監督は、「本当らしい」では不十分で、「本当の本当でなければならない」ということだわりを持っていました。手を抜けば、たとえ目に見えない部分でも相手に見抜かれるもの。誰にも気づかれないレベルまで徹底して、はじめて仕事になる。それが、世間を圧倒した人たちの暗黙のクリエイティブ・ルールなのです。

131

才能は、カオスの中で目覚める

才能を目覚めさせて、発想を得るのにとても有益な方法がある。それは、さまざまな染みのついた壁や、いろいろな混合物からなる岩石を眺めることだ。もし何らかの情景をイメージしなければならないとき、あなたはそこに、さまざまな風景や戦闘場面、人の動き、奇妙な顔や服装など、無数のものを発見するだろう。

ウルビーノ稿本

CHAPTER **4** 創造力

　汚れた壁、混ざった岩石を眺めて、カオスのような中から何かを見出す——これがダ・ヴィンチ流の発想法でした。

　世界で発行部数6億部以上を誇る『ハリー・ポッター』もカオスから生まれました。

　作者J・K・ローリングが列車の窓から英国の田園風景と黒と白の牛を眺めていたとき、魔法学校という舞台も登場人物も物語も、一気に思いついたと言います。

「そのアイディアは、どこからやってきたのか見当もつきません。でも、とにかくやってきたのです。完璧な姿で」

　物語を思いついたものの、出版したのは数年後。その間、母親がなくなり、自身も離婚を経験、さらには、うつ病にもなり自殺さえ考えたといいます。そんな波乱万丈の日々の中、原稿を完成させたのでした。

　イノベーションを続ける巨大企業グーグルでは、意図的に本業とは関係のない時間を持つ「20％ルール」が行われてきました。その時間の最中は、やることも、かかわる人もいつもと異なります。そうして普段と違う時間を過ごすことで、Gmail などの新しいサービスが生まれました。

　忙しくなると私たちは本業に集中しがちになりますが、意図的に未知なるものと触れる時間を過ごすことで、局面を打開することが可能になるのです。

133

まず映像を頭に浮かべて、それについて話せ

嵐、つまり海のシケが迫っていて、大気が暗い雲に覆われるのが見える。そこでは雨と風が混じり合い、激しい稲妻がくねくねと蛇行しながら走っている。樹木は地面にまで押し曲げられ、傾いた枝に目をやれば葉が裏側を見せている。樹木はまるで恐ろしい暴風の凄まじさに驚いて、自分の場所から逃げ出そうとしているかのようだ。動物たちは恐怖から統制を失って、浜辺のさまざまな場所を全速力で駆け回る。雲の膨らみの中で発生した雷は、凶暴な稲妻を放ち続け、その光は、暗い野外のそこかしこを照らし出す。

ウルビーノ稿本

CHAPTER 4 創造力

　この文章を読むと、まるで映画を観ているかのような情景が浮かんできます。この「嵐の文章」を読んだ詩人のゲーテは、そのあまりのリアルな描写に驚嘆したといいます。

　ビートたけしさんはまだ下積みの修業中、ある大先輩から笑いの極意を教わりました。それが「話す前に、頭の中で映像を思い浮かべること」。

　映像を伝えようとすることで話は一層リアルになり、相手に疑似体験をさせられ、自分の意図することがよりスムーズに伝わるのです。

　たとえば、「おしゃれなカフェで、モーニング・セットを食べてきました！」と言うのは、映像を語っているのではなく、事実を伝えているに過ぎません。一方、情景を思い浮かべて「木のぬくもりと緑の癒やしが感じられる北欧風のカフェで、程よい半熟加減のエッグベネディクトセットを食べてきました！」と言えば、聞き手もイメージが湧きます。

　つまるところ、大切なのは具体性。レストランのメニュー名も同じで、あえて長めに、想像をかきたてるように書いたほうが購買欲がそそられます。「海老のソテー」と書くよりも、「天使の海老のマリアージュ　地鶏のホイップ＆サワークリームソースあえ」。単にトマトと書くよりも、「朝摘み新鮮小林農園の有機トマト」。

　こうした映像コミュニケーションを実践してみましょう。

135

日常を非日常化する工夫をせよ

私たちのあらゆる認識は、感受性で決まる。

トリヴルツィオ手稿

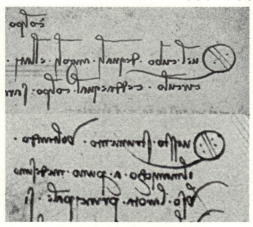

特徴的なQの文字　マドリッド手稿

CHAPTER 4 創造力

ダ・ヴィンチは、自分らしさを体現した文字を書いていました。特に大文字の Q は独創的です。よく見ると円の中に 2 本の線が入っており、さらに 2 つの点、もしくは、4 つの点が入っている Q があります。面白いことに同じページに出てくる Q も、ふつうの Q と装飾的な Q が混在しており、無邪気に楽しみながら書いている様子が伝わってきます。

私はダ・ヴィンチ学者が書いた研究書を読み漁りましたが、この不思議な Q に着目している人はいませんでした。ダ・ヴィンチは、なぜこんな Q を書いたのでしょう？

Q の単語は、文章の書き出しに使われることがあります。文頭の Q に装飾性を持たせてアート化することで、ダ・ヴィンチの主張である、「絵や図は文字に勝る」「文章は絵や図に従属する」という考えを表現していたのかもしれません。

また、誰も書いてない自分だけの文字を創造したことで、自尊力向上にもつながっていたことでしょう。

装飾性を持たせて、何気ない文字をアート化する。ダ・ヴィンチにとって、書くことは「日常作業」であると同時に、当たり前の殻を破り、センスを磨く「創作行為」でもあったのです。

日々感性を高める小さな積み重ねが、500 年後の世界で崇拝される芸術家を誕生させました。日々を楽しく過ごす工夫の大切さ。長州藩士の高杉晋作の辞世の句にもありますね。「面白き事もなき世を面白く すみなすものは心なりけり」

137

「自然」はアイディアの宝庫

　自然崇拝主義——これもまた怪人二十面相のようなダ・ヴィンチの一面です。自然への興味は終生変わらず、生涯の研究テーマでもありました。自然を賛美するこんな言葉も残しています。

　才能ある人間がさまざまな発明を行い、目的に適うようにさまざまな道具を用いたとしても、自然ほど美しく、シンプルに、目的に合った発明をすることはないだろう。自然がする発明においては何1つ過不足がないのだ。たとえば運動に適した腕や足を動物に与える際にも、平衡を保つ重りは必要としない。

解剖手稿

　ダ・ヴィンチにとって、自然は絵画の偉大なる師匠であり、発明をする際のアイディアの源泉でした。飛行機を発明しようと、あらゆる飛行物体からヒントを得たことは3章で書きましたが、船の場合は魚の形状からヒントを得ています。①前方が丸い形状　②後方が丸い形状　③前方も後方も同じ形状　の3種類を検証し、魚と同じ形状である①が最も速く前進できることを確かめました。

COLUMN

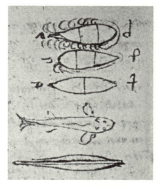

船と魚の比較　パリ手稿 G

　ダ・ヴィンチ以外にも、自然に感銘を受けた巨匠がいます。スペインのバルセロナの象徴、サグラダ・ファミリア教会を設計した建築家のアントニオ・ガウディ。

　教会の建設期間は100年を超過し、ガウディの死後も建設が続けられています。ガウディもまた、自然を師と仰ぎ、「独創性とは、起源に戻ることである」という名言を残しています。起源とは自然を意味し、「偉大な本、常に開かれ、努力して読むに値する本、それは、大自然の本である」とも言っています。

　実際に、サグラダ・ファミリア内部は森をイメージしてデザインされており、他の建築物にも、波や葉、貝や背骨など、自然が生んだ形を研究し活かしていきました。

現代社会でも、自然にインスピレーションを得て、さまざまな発明が生み出されています。5つの事例をご紹介しましょう。

① サメ肌水着・カジキ水着

　競技用水着の開発では自然がお手本になりました。まず、サメのうろこの形状をまねて水着に溝を入れたところ、整流効果で摩擦効果を抑えることに成功。さらに、魚の「形」ではなく、その「質」に着目します。時速100キロを超え、ぬめりを出しながら泳ぐカジキの体表を参考にし、水に触れるとジェル化する水着が発明されたのです。親水性で摩擦効果を抑えることに成功し、水泳選手はより速く泳げるようになりました（現在では水着の素材や体を覆う範囲の規定が変わり、禁止）。世界新記録の樹立の裏では、選手の努力に加え、自然からのヒントが立役者となっていたのです。

② カワセミ型新幹線

　以前の新幹線は、トンネルに入るときに空気抵抗が大きく、衝撃からの騒音が問題となっていました。そこで開発者が注目したのが鳥のカワセミ。「カワセミは水中に入る際、なぜ水しぶきが少ないのか」という疑問から研究が始まり、その形状を新幹線に取り入れようとしたのです。その結果、先頭部分をくちばし形にして設計された「500系のぞみ」は、走

140

COLUMN

行抵抗が 30％、消費電力も 15％減少。問題視されていたトンネルでの騒音が解決しています。

③ ヤモリテープ

爬虫類のヤモリは、垂直なガラスの窓さえもスイスイと登っていきます。いったいなぜでしょう？　ヤモリの指先には、なんと 50 万本もの毛があるといいます。そして、指先にあるミクロの無数の毛がガラス表面の凹凸に入り込むことで吸引力が高まり、90 度の直角な斜面でも登ることができるそうです。

この仕組みを応用して作られたのが「ヤモリテープ」。ヤモリの指先を電子顕微鏡で見てその微細構造を分析し、特殊な接着テープを開発。剥がしても従来のテープのように糊が残らず、繰り返し使用できるというメリットがあります。

④ アワビセラミックス

陶器など幅広く使われているセラミックスですが、割れやすいという弱点があります。アワビの貝殻もセラミックスでできていますが、暑さ 1 mm の中に薄い板が 1000 枚以上重ねられている積層構造のため、ハンマーで割ろうとしても簡単には割れません。アワビと同程度の厚さを積み重ねた「ナノ積層材料」の研究が進んでおり、今後、宇宙船や義歯、省エネ素材などへの利用が期待されています。

141

⑤ フリクションボール

　色が消える驚異のボールペン、フリクション。1年間で3億本売れており、1本248円とすると、売り上げはなんと744億円にものぼります。

　この大ヒット商品の元々の着想も自然観察にあります。ある研究者が、一夜で緑から赤に変わる紅葉を見て、「温度差」のもたらす作用に着目し、思いついたのだそうです。このペンのインクには、「発色剤」「顕色剤」「変色温度調整剤」という3つの成分が含まれていて、65度までは発色剤と顕色剤が結合しインクが発色、65度以上になると顕色剤が発色剤から分離し変色温度調整剤と結合、その結果色が透明になるという仕組みだそうです。

　自然の神秘はまだまだ未解明。当たり前に起きている現象に疑問を感じ、何かに応用できないか、という視点で自然を観察すると、まだまだ新たな発見があるはずです。

　ダ・ヴィンチの次の言葉は、現代の発明家のために、生き続けているのです。

　自然は、まだ人に試されたことのない無数の原理に満ちあふれている。

パリ手稿 I

COLUMN

奇妙なモンスター　ウィンザー紙葉

The Da Vinci Note

CHAPTER 5
対人力

孤独と人付き合いの
バランスのとり方

孤独が
才能を育てる

才能を育てるためには、あなたは孤独でいるほうがいい。特に考えに集中しているときはなおさら。考察したものを常にイメージすることによって、しっかりと記憶できるから。もしあなたが1人なら、あなたのすべてがあなたのものだ。ところがたった1人でも連れがいれば、あなたは半分になる。付き合いが増えるだけ、あなたは何もできなくなる。つまり、もしあなたが大勢の人と一緒にいればいるほど、不自由な人生を送ることになるよ。

パリ手稿A

CHAPTER 5 対人力

　日本では孤独・孤立対策推進室が設置されているように、孤独死が社会問題となっています。「孤独」と聞くと「寂しさ」や「ひとりぼっち」を包含するマイナスな響きが感じられるもの。しかし、反対にダ・ヴィンチは「孤独であることは、救われること」と、プラスの意味で捉えています。

　常にやりたいことにあふれているダ・ヴィンチにとって、無駄な時間は大敵。人と一緒にいることで自分の時間が奪われ、せっかくの才能が伸ばせないことを嫌いました。

　末期ガン患者に接する看護師が、死を前にして残した患者の言葉をまとめた『死ぬ瞬間の5つの後悔』という本があります。その中には、「自分に正直な人生を生きればよかった」「働きすぎなければよかった」「もっと幸せを求めればよかった」という後悔が挙げられています。いずれも、自分を抑えて、人に合わせ過ぎてしまった結果が後悔の言葉になっているのです。

　最後に後悔しないためにも、自分が幸せでいるために「この人付き合いは本当に必要なのか」、一度立ち止まって考えてみましょう。私たちは、他人に合わせた他人の人生を生きるべきではありません。

　自分本位に時間を最大限有効活用したのが、ダ・ヴィンチでした。ひとりぼっちと感じたときは、寂しさを感じるピンチではなく、誰にも邪魔されないボーナス期間。自分のすべてが自分のものであり、存在を花開かせるチャンスなのです。

147

仲間を選べ

あなたが親交を望むときは、その人の学習態度を見て選択するといい。あなたにいろいろなことを考えさせる関係は実りが多い。その他の親交はどれも有害となろう。

アシュバーナム手稿

5人の男　ウィンザー紙葉

CHAPTER 5 対人力

　孤独を奨励し、孤高の天才のように見えるダ・ヴィンチですが、社交的な一面もありました。とはいえ、誰彼かまわず交流していたのではなく、接する人は選んでいます。ダ・ヴィンチの人選基準は、その人の「学習態度」にありました。

　「朱に交われば赤くなる」ということわざがあります。元々中国の『太子少傳箴』にある「墨に近づけば必ず黒くなり、朱に近づけば必ず赤くなる（近墨必緇、近朱必赤）」が由来です。黒や朱色は非常に強い色ですが、あなたがもし薄い色であればいとも簡単に飲み込まれてしまいます。つまり、いい人に接すればあなたもいい人に、反対に悪い人に近づけば悪い人になってしまうということです。

　オークの冠をつけた男が4人の人物に囲まれているダ・ヴィンチの素描があります。オークは剛健、強さの象徴。周囲には、見下したり、罵ったり、悪に誘う連中がいます。

　このスケッチの背面には、次のように記されています。

　「もしある男がよい性格を備えているとしても、他の人々が彼を不当に扱うならば、また彼がこれらと交わるならば、彼自身もダメになってしまう」

　どれだけ意志が強い人でも、周囲に流されてしまうのです。逆に、たとえ自分の意志が弱くても、支えてくれる人がいれば、よりよい自分へと向上することができます。あなたを信頼し、応援し、よき方向に導いてくれる仲間を見つければ、目標達成も近づきます。

149

他人は
変えられない。
期待するな

1508年10月…日、私は30スクードもらった。そのうち13スクードは、サライの姉妹の持参金を払うために彼に貸し、私に残ったのは17スクードであった。今度は二度と貸すべきじゃない。貸したなら、返してもらうことはないだろう。返してもらったとしても、早くではないだろう。早かったとしても、全額ではないだろう。全額だったとしても、あなたは友を失うだろう。

パリ手稿F

CHAPTER 5 対人力

「サライ、私は休みたいんだ。だからもう争いはやめにしよう。これ以上の争いはなし。私が降参するから」

お手上げの悲鳴がアトランティコ手稿から漏れてきます。ダ・ヴィンチの告白からわかるように、相当手を焼く弟子がいました。10歳で弟子となったジャコモです。彼は、2人分の晩ご飯を食べる大食いであり、師匠の財布からお金を盗み、同じ職場の仲間の銀筆を2回も盗み、師匠がプレゼントで受け取っていたトルコ皮を靴職人に売り飛ばしては、甘いお菓子を買うという問題児でした。

ダ・ヴィンチは、「泥棒、嘘つき、強情、大食らい」とその4つの特徴をノートに書き残しています。ジャコモは、20年以上ダ・ヴィンチにお供していますが、その悪癖は生涯直らなかったようです。ダ・ヴィンチは、ある時からこの弟子を本名ではなく、「小悪魔」を意味するサライというあだ名で呼び始めました。

残念ながら私たちは他人を変えることはできません。変えることができるのは「今の自分」、そして「未来の自分」です。冒険ものの映画を見ていると、次々といろいろな登場人物が現れてきます。まず主人公がいて、志を同じくする仲間ができる。そして、ザコキャラや強敵、ラスボスを打倒する。

勇者しか存在しない映画は面白くもなんともありません。ダ・ヴィンチは、弟子を人生舞台に色を添える小悪魔と割り切って、その個性を尊重することに努めたのでしょう。

謙虚な姿勢が
幸せをもたらす

自分の美しさに自惚れた杉の木は、周囲の草木を邪険に扱うようになり、前から立ち退かせた。望み通り遮るものは何もなくなった。だが強風が吹くと、杉は根こそぎ地面に倒れてしまった。

アトランティコ手稿

CHAPTER 5 対人力

　杉の木の話は、自惚れたことが仇となって失敗した人をたとえたものです。ちょっと成功すると天狗になる人がいますが、自尊力を身につけたダ・ヴィンチが尊大に振る舞ったかというと、そうではありません。

　40代で描いた傑作『最後の晩餐』は、ダ・ヴィンチの画家としての地位を確立します。絵を大変気に入ったフランス王ルイ12世は、壁ごと切り取って母国に持ち帰ろうとしたほど。一躍ヨーロッパ中に名を馳せたダ・ヴィンチでしたが、その後も謙虚に学ぶ姿勢を忘れることはありませんでした。

　そのことは、齢50を数えたダ・ヴィンチが、20代でパドヴァ大学教授となった若き解剖学者マルカントニオに弟子入りしたことからもわかります。ダ・ヴィンチは、自分よりも30歳年下でも、優れている人であれば先生にしたのです。

　中国に「満は損を招き、謙のみ益を受く」という言葉があります。名声を得るとつい傲慢になりがちですが、慢心せず謙虚な姿勢を貫く人だけが幸福になれる、という意味です。

　日本の聖徳太子も『維摩経義疏』の中で「驕はすなわちこれ悪中の極なること明らかなり」と断言しています。

　驕りは、やがて最悪の結果を招く。せっかく築き上げた地位も、自惚れ心が台無しにしてしまうのです。

　実際、人生を楽しんでいる一流の人には謙虚な人が多いもの。成功しても自分を戒める謙虚な姿勢を忘れない人だけが、幸せも手にすることができるのでしょう。

153

忠告が必要な
人ほど、
忠告を拒む

他人の意見には、忍耐強く、誠心誠意、耳を傾けなければならない。そして、その批判者にあなたを批判する根拠があるかどうかをよく考えて、十分に反省すること。もしその批判が当たっていると思うなら、自分の間違いを修正する。当たっていないと思うなら、わからなかった振りをするか、その人に筋道を通して論理的に説明しよう。

アシュバーナム手稿

CHAPTER 5 対人力

　生きていく中で、私たちは時に厳しい先生や上司に出会い、さらにはモンスターペアレントやクレーマーに遭遇することもあるかもしれません。その中には、憂さ晴らしに自分の怒りをぶつけたいだけの人もいます。

　一方で、周囲の人の厳しい言動の中には、本当にその人の成長を願って、心を鬼にして叱ってくれる思いやりが含まれている場合もあります。

　「憎くては　叩かぬものぞ　笹の雪」という故事があります。雪が重く積もる笹を憐れんでその葉を叩くと、雪はするりと落ちて笹は自分の力で飛び起きます。一時的には痛い思いをしたように見えますが、結果としては飛躍的な成長を遂げるという意味です。

　善意からの忠告は、あくまで直してほしいところに向けたメッセージであり、全人格を否定するものではありません。たとえ指摘されたことで辛い思いをしたとしても、確かにそうだなと納得できるのであれば、言われたところを直していく。忠告されたら、自分が成長するチャンスなのです。

　頭ではわかっていても、やはり叱られるのは気分のいいものではありませんから、言葉で言うほど簡単ではありません。そんなときは、ダ・ヴィンチですら、他人の批判を糧に成長したんだ、と思い出してみてください。

縦人脈を築け

私の最も親しい友人である建築技術総監督レオナルド・ダ・ヴィンチのために、あらゆる地域の自由通行と、彼に対する好意的な接待を命ずる。私から、公国内の全城塞の視察の任務を課せられた彼には、任務を遂行するのに必要なあらゆる助力が十分に与えられねばならない。さらに、領内のすべての技術者たちは、レオナルド・ダ・ヴィンチ総監督と協議し、彼の指示に従うことを命ずる。私からの激しい怒りを被りたくない者は、この命令に反しないこと。

チェーザレ・ボルジアの通行許可証

CHAPTER 5 対人力

　チェーザレ・ボルジアは、史上最悪の教皇の息子であり、冷酷で残忍な権力者として知られています。ダ・ヴィンチは、そのボルジアに近づいて才能を認められ、領国内を自由に通行できる許可証を手にしました。通行許可のみならず、惜しみない資金の援助を受け、建築について望むことは何でもやらせてくれる、夢のような環境が整ったのです。

　人脈には2種類あります。「横人脈」と「縦人脈」です。

　横人脈は、自分と同程度くらいの人との人脈。気楽に話せる仲間がいると安心する一方、同じ人としか付き合っていないと、いつまでも同じ世界で生き続けることになります。

　もしあなたが飛躍的に成長し、次のステージに進みたいなら、築くべきは縦人脈です。自分より先に進んでいる人。自分が目指す分野ですでに成功している人。異業種で活躍している人。そんな人たちとのつながりを意識するのです。

　では、どうつながればいいのでしょう。答えは、あなたの強みを磨いて上手にアピールする、これに尽きます。

　ダ・ヴィンチの強みは発想とデッサン力。街を歩いて計測し、美しく正確な地図を描きました。それを見たボルジアは、あまりの出来栄えに感動したことでしょう。戦乱の世の中にあって、地図の存在は、戦略を考える大きな助けになったはずです。「これはこの人にしかできない」——ダ・ヴィンチはそう思わせることに成功し、冷酷な権力者さえも自分を支援する存在に変えることができたのです。

157

意外な人ほど、
いい先生になる

私は聾唖者を画家の教師にしている。「その人にできもしない芸術のことを教えさせるとはな」などと、私を笑わないでほしい。というのは、その人は、他のすべての人が言葉で教えてくれるよりも上手に、身振りであなたに教えてくれるからだ。この私の忠告を軽蔑しないでほしい。彼らは身振りの達人だ。人が言葉と手の動きを連動させているときに、その人が何を話しているのかを、遠くにいながら理解できるほどに。

ウルビーノ稿本

CHAPTER 5 対人力

　ダ・ヴィンチはフラットな姿勢で人と付き合いました。身分の上下を問わず、自分にはない能力のある人を尊敬していました。そして、その優れたところを自分の分野に取り入れられないかを検討したのです。

　ダ・ヴィンチの絵を見ると、身振り手振りの表現が実に豊富であることに気づかされます。世界的名画『最後の晩餐』はその代表例ですが、大げさな仕草は、言葉を発することができない聾唖者からヒントを得ていました。絵画の中の人物は私たちに言葉を発することができません。口が利けない人と同一視し、ボディランゲージで伝えようとしたのです。

　ダ・ヴィンチのように、立場を超えたフラットな視線で眺めてみると、学べることがたくさん見つかります。誰も先生にしようとしない人を先生にすることができれば、人に差をつけることができ、独特な味わいをプラスすることができるでしょう。

　芸術家の岡本太郎さんは、縄文土器を見て「心身がひっくり返るような発見だった」と語り、その強烈なインスピレーションを自身の芸術に昇華させていきました。科学が未発達の時代だからといってすべてが劣っているわけではなく、縄文人たちは現代人にはない創造力を発揮して生きていたのです。思わぬところに、手本とすべき存在がいることを頭に入れておきましょう。

会話では共感だけを意識せよ

人の話を聞く以外の方法で、その人が何を好んでいるかを知ろうと思うなら、いろいろと話題を変えて話すといい。その人があくびをしたり、嫌な顔をせず、じっと注目しているのであれば、間違いなくそれこそが相手の好む話題だ。

パリ手稿G

CHAPTER 5 対人力

　人間関係が深まるかどうかの最大のポイントは、共感。人生は、共感を求めてひたすら旅をしているようなものです。

　SNS をしている人が、投稿した記事に「いいね！」がどのくらいつくか、何人のフォロワーがいるかを気にするのも、共感してくれる人を求めているからでしょう。

　人は自分を理解してくれる人を好きになります。反対にわかってくれない、自分に興味を示してくれない人は遠ざけようとします。仲を深めたい人がいれば、相手と自分の共通点を見つけたり、相手の好きなことに興味を持つことです。

　会話をスムーズにする相槌に「さしすせそ」の法則があります。「さ＝さすが！」「し＝知らなかった！」「す＝すごいですね！」「せ＝センスいいね！」「そ＝そうなんですか！」の５つです。聞き上手な方はよく使っています。

　これと別に、私がこれまで実際に声をかけてもらって嬉しかった殿堂入りの「さしすせそ」があります。それは、「才能あるね！」「幸せだね！」「ステキ！」「正解だと思う！」「それは君にしかできないよ！」の５つ。これらは、いずれも自尊力を上げてくれる共感ワードです。特に最後の「それは君にしかできないよ！」は、トランプでいうジョーカー的な言葉。本当にそう感じたとき、ここぞ！　というタイミングで使うのがポイントです。

　私はあなたのことを心から認めているという「壁を取り除く言葉遣い」で、ぐっと人間関係は深まっていきます。

161

いつでも予想を超えた演出を心がけよ

画家は、人々をその作品に引きつけ、大きな感動と喜びで彼らを釘づけにするような作品をつくるように励まなくてはならない。

ウルビーノ稿本

CHAPTER 5 　対人力

　人間関係が深まるポイントは共感の他にもう1つあります。「驚嘆コミュニケーション」です。「共感コミュニケーション」とこの「驚嘆コミュニケーション」の二刀を使いこなすことができれば、あなたの周囲には気がつくと素晴らしい人間関係が形成されています。

　共感は大切ですが、いわば「守り」の役割を担うもの。反対に驚嘆は「攻め」の役割を果たします。

　ダ・ヴィンチは数々のサプライズの仕掛け人でした。少年の頃には、自分の作ったドラゴンの盾を父親に見せて驚かせます。息子の芸術の才を見抜いた父親は、その道に進ませました。サプライズが新しい可能性の扉を開いたのです。

　晩年、ダ・ヴィンチが亡くなる4年前、新しくフランス王になったフランソワ1世のためのお祝いとしてショーが催されました。ダ・ヴィンチは、自身が発明したライオンのロボットを披露。機械仕掛けのライオンが歩いたかと思うと立ち止まり、胸の部分が開いて百合の花が出現します。ライオンはフィレンツェの象徴であり、百合はフランス王家の紋章を飾る花。見事に両国の友好を表現したのです。

　この演出に大変感動したフランソワ1世は、翌年ダ・ヴィンチをイタリアからフランスに招き、豪邸と多額の給金を与えるパトロンとなります。驚きを与えることは人間関係を劇的に深めるきっかけになるのです。

163

自由人に学んで
ブルーオーシャンを
目指せ

カメレオン——この生き物は、常に周囲の物の色に変色する。だから、しばしば象によって葉と一緒に呑み込まれてしまう。

パリ手稿H

カメレオン——この生き物は、空気を食べて生きており、空中ではあらゆる鳥に襲われる。そこで安全地帯を求めて雲の上まで飛んで行き、自分を追いかけてくる鳥が耐えられないほどの薄い空気に到達する。このような高みでは、天賦の才がある者しか生きていけないから、カメレオンはそこに飛んでいくのだ。

パリ手稿H

CHAPTER **5 対人力**

「一般的なカメレオン」と「常識破りのカメレオン」。ダ・ヴィンチは不思議なことに、2つの正反対なカメレオンについて語っています。

カメレオンは体の色を変えて、周囲の色に同調する生き物。それはまさに、親や先生、友人や知人など、他人に合わせた生き方をしている人を象徴しています。一方で、ありえない「空飛ぶカメレオン」を想像し、他人が追随できない境地を目指す生き方もあると促しているのです。

後者の人生を送ったダ・ヴィンチでしたが、それを可能にしたのは「自由人」との出会いでした。ダ・ヴィンチ家は、代々続く公証人（契約などの公的文書の作成を代行する仕事）の家系。しかし、幼いダ・ヴィンチの面倒をみていた祖父と叔父は、土地の権利収入を得て働かない自由人でした。

公証人としてエリート街道をひた走る父親とは異なり、自然の中でのびのびと暮らす彼らは、レールの上に乗って生きることだけが幸せではないと伝えていたのです。

世の中には変わった職種の人が大勢います。例えば、銭湯にひたすら富士山の絵を描くことを生業にする「銭湯絵師」や、LEGO ブロックの作品を投資目的で買い取り、価値が出たところで売る「LEGO 投資家」などという人もいます。

まったく知らない世界で自由に生きている人たちに出会う。そうすることで自分に刺激を与えることができ、ブルーオーシャンで勝負する方法もわかるかもしれません。

165

分業がクオリティを
上げる

ペンは、ペンナイフの必要な仲間であり、お互いに有益な仲間である。一方を欠いた他方は、ほとんど存在意義を失う。

パリ手稿L

CHAPTER 5 対人力

　ルネサンスの偉大な芸術家を2人選ぶとすれば、一般的にダ・ヴィンチとミケランジェロの名が挙がります。実はこの2人、互いに犬猿の仲で、仕事の進め方も対極的でした。

　ヴァチカンのシスティーナ礼拝堂にはミケランジェロが描いた有名な『最後の審判』があります。この礼拝堂の広大な天井画もミケランジェロが描いたのですが、元々はフィレンツェから呼んでいた5人の仲間と共同作業をする予定でした。が、仲間の画力が低いと感じたミケランジェロは彼らを追い返してしまいます。そして、立ちっぱなし、上を向きっぱなしで4年間大変な作業をして、単独で完成させます。

　一方、ダ・ヴィンチは、共同作業者と仕事をし、役割分担を決めて弟子にも描かせていました。下描きは弟子に描かせて自分が着色をしたり、部分的には弟子に任せ、重要な部分は自分で描くという分業をしていたようです。

　ダ・ヴィンチ・ノートも、実は1人だけで完成させたノートではありません。ダ・ヴィンチ以外の弟子のスケッチも度々登場します。とりわけ興味深いのが「代替コピー」です。ダ・ヴィンチは、自分で描いたスケッチを人にあげてしまったのか、オリジナルは残っていないことがありました。その模写を弟子に描かせて保存しているのです。

　ナイフがなければ鉛筆は書く力を失い、鉛筆がなければナイフは存在意義を失います。必要とし必要とされる仕事の分担は、仕事や物事のクオリティを高める秘訣なのです。

167

『ウィトルウィウス的人体図』に隠された秘密

　ダ・ヴィンチの最も有名なデッサンは何かと聞かれたら、真っ先に思い浮かぶのは『ウィトルウィウス的人体図』。一度は見たことがあるという人も多いでしょう。

　ユーロの硬貨は片面が共通デザインで、もう一方の面は各国オリジナルのデザインになっていることをご存知でしょうか。紙幣は表裏共通ですが、硬貨は片面に国を象徴するものが描かれています。たとえば、アイルランドでは2ユーロから10セントまで、国の紋章であるハープが描かれています。

　イタリアの硬貨はすべてデザインが異なり、1ユーロに『ウィトルウィウス的人体図』が採用されています。ユーロには、バラバラのものを統一する目的がありましたが、国の威厳を保つ工夫もされているのです。ヨーロッパを周遊する際は、ぜひデザインの違いを見比べてみてください。

　実は、『ウィトルウィウス的人体図』は医学のシンボルマークにもなっています。

　日本では1879年に全国的に統一された医術開業試験が行われましたが、その100年後に、医療文化100年を記念して学会が開かれています。そのときに、『ウィトルウィウス的人体図』が図案に採用されているのです。

COLUMN

医療文化100年
記念封筒

　国境を超えて影響力を持つデッサンですが、その意味はあまり知られていません。本書のカバーにも描かれていますので、ここで紹介したいと思います。

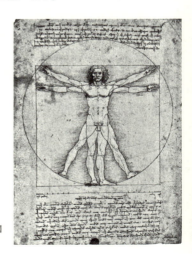

ウィトルウィウス的人体図
アカデミア美術館

この絵を解説するうえで、3つポイントがあります。

　1つ目は、意外にもダ・ヴィンチの発案ではないということです。非常に独創的でインパクトのある構図ですが、元々はローマ帝国時代の建築家ウィトルウィウスの発案をダ・ヴィンチが具現化したものなのです。

　ウィトルウィウスは、次のように提唱していました。

「神殿の設計はシンメトリーを基本とするため、均整のとれた人間のように、正確な比例関係を維持する必要がある」

　そして自らの著作、『建築書』の中で人体の比率について書いています。たとえば、あごから髪の生え際までの長さは身長の10分の1、胸の中心から頭のてっぺんまでの長さは身長の4分1、眉から髪の生え際までの長さは顔の3分の1など。

　さらに、ウィトルウィウスはこう続けます。

「へそは通常人体の中央に位置している。人間があおむけに横たわって両手両足を伸ばすと、へそを中心として指先とつま先を通る円が描けるはずだ。円だけではない。人体は正方形の枠の中にも、ぴったりおさまるだろう」

　ダ・ヴィンチはこれに触発されて、視覚化に挑戦したのです。

　2つ目のポイントは、ウィトルウィウスの原案を基にしながらも、ダ・ヴィンチはそこに修正を加えているという点で

COLUMN

す。「経験の弟子」レオナルド・ダ・ヴィンチは、実際に身体の比率を測り直します。そして、ウィトルウィウスが、足の長さは身長の6分の1と記述していたのを、身長の7分の1に改めています。その解説を聞いてみましょう。

「身長が14分の1だけ低くなるように両足を開き、中指の先端が頭のてっぺんに接する線に触れるように腕を上げると、伸ばした手足の中心はへそになり、両足の間の空間は正三角形をつくる」

　実をいうと、ダ・ヴィンチ以外にも、ウィトルウィウスの人体図を視覚化しようとした人がいました。マルティーニという人物です。ウィトルウィウスのように『建築書』も書き、世界で最初にこの人体図を視覚化して紹介しています。人体図の発案も、そして最初の視覚化もダ・ヴィンチではありませんでした。

　ダ・ヴィンチは、マルティーニに会いに行き、ウィトルウィウスの人体図に感銘を受けます。しかし、残念ながら、マルティーニが描いた人体図は、へそが円の中心にきておらず、稚拙で頼りない印象でした。ダ・ヴィンチは、両手両足を開き、円の中心にへそがくるようにし、さらに、性器を正方形の中心に据えることで、円と正方形のバランスを見事に調整しました。円と正方形の中心を2つに分け、2人の人物を重ねたのは、それまで誰もしなかったダ・ヴィンチならではの新基軸です。

171

それだけではありません。直立する人体図の左足に注目してみてください。かなり不自然な角度に曲がっているのがわかると思います。

　もちろんこれは描写ミスではなく、意図的に描いたもの。マルティーニの『建築書』では、足の側面図が計測の基本単位として描かれていますが、その足の側面図を人体図に合体させたものが、ダ・ヴィンチの『ウィトルウィウス的人体図』。当時の比例研究においては、別個に足の側面図を添えることで、視覚的な手がかりを与えていましたが、ダ・ヴィンチはそれさえも融合して１つにしてしまったのです。

　以上のことから、ダ・ヴィンチの『ウィトルウィウス的人体図』は、まったくのオリジナルではなかったものの、科学的・芸術的なレベルにまで昇華させた洗練の極みだったと言えます。

　最後のポイントは、『ウィトルウィウス的人体図』は単なる人体の比率を示したものではないということです。古代の哲学者たちは、円と正方形に特別な意味を持たせてきました。

　すなわち、円は「天」を、正方形は「地」を表すと。

　円と正方形が重なると、私たちの世界も包み込む「宇宙」になります。その宇宙の中心にいるのが人間です。ルネサンスは、神中心の時代から人間中心の時代へ移行する転換期と言われていますが、『ウィトルウィウス的人体図』は、まさ

COLUMN

に人間が世界の中心であることを象徴した「革命的アイコン」なのです。

ダ・ヴィンチ自身も画家の立場からこのように言っています。

画家の科学が持つ神のような資質のおかげで、画家の精神は、神の精神によく似ている。というのは、画家は多種多様な動物や、樹木や、果実や、風景や、平野や、山崩れや、見る者が恐怖を抱き、恐ろしさで震え上がる場所などを、自由自在に創造することができるからだ。

ウルビーノ稿本

『ウィトルウィウス的人体図』がどことなくダ・ヴィンチの自画像っぽく見えるのは、世界を創造するのは他でもない自分である、と宣言しようとしたからかもしれません。ダ・ヴィンチは、持ちうる限りの知識・技術を結集させて、この『ウィトルウィウス的人体図』を完成させました。

時代と国境を超えるものには、人知れない苦労が隠されているもの。日頃から比率の正確性にこだわった蓄積が、名作に結びついています。

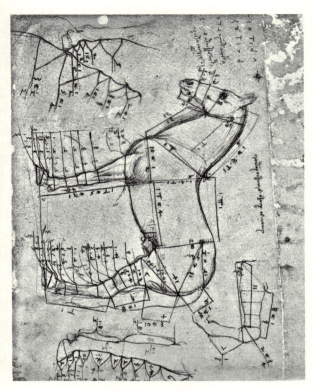

馬全体の比率　ウィンザー紙葉

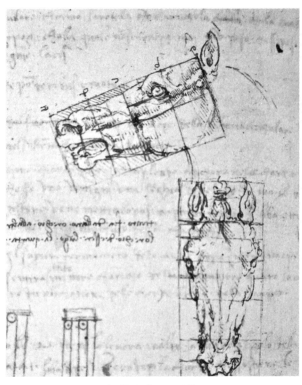

馬の頭の比率　パリ手稿 A

The Da Vinci Note

CHAPTER 6
実践力

天才が習慣にしていた
究極のインプット・
アウトプットの技術

| インプット | メモする |

メモ魔になれ

遠近法をしっかりと学び、事物の細部や形を記憶したら、気晴らしにぶらりと散歩に出かけよう。そして、人々が話したり、言い争いをしたり、笑ったり、とっくみあいのけんかをしたりする様子や仕草に注意を凝らし、その人たちの動作や周囲にいる人たち、つまり仲裁に入ったり傍観したりしている人たちがどのような動作をしているかもよく観察しなければならない。小さな手帳をいつでも携えておき、それらを簡略に描きとめておくこと。

アシュバーナム手稿

CHAPTER 6 実践力

「メモ魔」。ズバリそれがダ・ヴィンチの日常的な姿です。

実際にダ・ヴィンチは、いろいろなサイズのノートにメモを取り、携帯用に手のひらサイズのノートも持ち歩いていました。人物の容姿や動作を記録したり、ひらめいたアイディアを書き込んでいたのです。

冒頭の手帳についての引用は、次のように続きます。

「手帳は着色した紙のものがいい。その上に描いたものが擦れて消えたりせず、また、書き込みで一杯になったら、新しい紙に取り替えられるものがいい。スケッチは消したりせず、大切にとっておくべきものだからだ。人物の形態や動作は無限であり、すべてを記憶しておくことはできないのだから、メモやスケッチを手本なり師匠として、大切に保存しよう」

天才といえど、すべてを記憶しておくことなどできない。いや、書くことで情報をインプットし続けたからこそ天才になったのかもしれません。

私たちもお気に入りの手帳を活用してみましょう。あるいはスマホの電子メモを使えばペンがなくても保存できます。

ゲシュタルト心理学の創始者、ヴォルフガング・ケーラーは、「3B」のタイミングでひらめきが訪れると言いました。3Bとは、すなわち、Bus（バス）、Bed（寝床）、Bath（お風呂）のリラックス時です。ひらめきは、一生懸命考え続けた後、緊張が解けた瞬間にやってくると脳科学でもわかっています。ひらめいたら即座にメモ、を習慣にしてください。

179

| インプット | 分類する |

できるだけ細かく分類しておくと、後でラクになる

横顔の鼻には10の種類がある。すなわち、真直ぐな鼻、凹状の鼻、凸状の鼻、中央から上が突出した鼻、中央から下が突出した鼻、鷲鼻、平らな鼻、低い鼻、丸い団子鼻、尖った鼻。

アシュバーナム手稿

鼻のスケッチ　ウルビーノ稿本

CHAPTER *6* **実践力**

　人の鼻を描くなら、どんな鼻を描きますか？　高い鼻、中くらいの鼻、低い鼻、3つくらい思いつくかもしれません。ダ・ヴィンチに言わせると……横から見て10種類。さらに、正面から見た分類について、次のように続けています。

　「正面を向いた鼻は11の種類がある。すなわち、均一的な形の鼻、中央が太い鼻、中央が細い鼻、先端が太く付け根が細い鼻、先端が細く付け根が太い鼻、鼻孔の大きい鼻、鼻孔の小さい鼻、高い鼻、低い鼻、鼻孔のあらわな鼻、先端部が鼻孔を隠した鼻。同様に、身体の他の部分に関しても、このような違いがある。実物から写生し、記憶しておくといい」

　なぜこんなに細かく分類したのでしょうか。

　目鼻立ちを記した小冊子を携行し、写生しようとする人物の特徴と照合して小さな印をつけておけば、家に帰ってから記憶を頼りに描かなければいけないような場合に、パターンから合成するだけで描くことができるからです。

　分類し、対応可能な複数のパターンをつくっておくことで、スムーズな対処ができるようになります。

　社会人として仕事をしていると、クレーム対応をしなければいけない場面も出てきます。その対応は画一的な振る舞いではうまくいかず、相手や状況によって話し方や伝える内容を変えるべきです。でも、この場合はこう、その場合はこう、とある程度分類する癖をつけることで、心の余裕が生まれてきます。まさに、「備えあれば憂いなし」なのです。

181

インプット | 読む

03

名著を読め

名著に親しもう。死者たちの言葉に耳を貸せば、幸せになれるよ。

パリ手稿I

CHAPTER **6 実践力**

　イルカやカメレオンなど動物に関連した言葉を引用してき
ましたが、実はダ・ヴィンチが参照しているのは『イソップ
童話』です。『イソップ童話』と言えば、私たちにも馴染み
のある物語。時代を超えて読み継がれる名著には、普遍的な
強さがあります。インプットしておいて損はありません。

　芥川賞作家で芸人の又吉直樹さんが読書に没頭するきっか
けになった本は、芥川龍之介の『トロッコ』だったそうです。
また、太宰治が好きで、今生きていたらコンビを組みたいほ
どだとか。名著は、作者の死後もファンを生みます。

　以前、雑誌『プレジデント』に掲載された「日本の経営者
が選ぶ作品人気ランキング」では、司馬遼太郎さんの『坂の
上の雲』が圧倒的第１位でした。第２位も司馬作品の『竜
馬がゆく』。司馬作品の累計発行部数は２億部を超えました。

　その司馬さんが、記者会見で「無人島に１冊本を持ってい
くとしたら何を選ぶか」と問われ、答えた本は、古典の『歎
異抄』でした。戦地に招集されて兵隊となってからは、いつ
も持ち歩き暇さえあれば読んでいたそうで、「非常にわかり
やすい文章で、読んでみると真実のにおいがする」と評して
います。

　2019年には高森顕徹著『歎異抄をひらく』がアニメ映画化。
「善人なおもって往生を遂ぐ、いわんや悪人をや」（善人が助
かるんだから、悪人はなおさら助かる）という逆説的にも思
えるメッセージが、現代の人の心もつかみました。

183

| インプット | 覚える |

寝る前のゴールデンタイムを使う

私自身ですでに証明済みのことだが、夜ベッドに横たわるとき、想像力を働かせて、以前に学習したことや、熟慮して考えた特筆すべきことを思い返すことは、少なからず有益だ。これこそ記憶に残すための実践であり、役立つ方法である。

アシュバーナム手稿

CHAPTER **6 実践力**

　ダ・ヴィンチは、寝る前に振り返ることこそが、最も記憶に残すことができる方法だと言います。実際に、脳科学者の池谷裕二さんも、就寝前の1〜2時間はきわめて学習効果の高い「記憶のゴールデンタイム」であると考察し、社会や漢字、理科などの暗記ものの学習が適している、と唱えています。ダ・ヴィンチが身をもって実践した記憶法は、科学的にも理に適っていたのです。

　さらに、ダ・ヴィンチは、別の記憶法も教えてくれています。地道で堅実なもので、順を追って4段階あります。

①何度も同じ手本をまねて描き、脳裏に刻み込む

②手本を見ずに、手本を再現させようと思って描く

③ガラス板を使い、手本と自分の描いたものを重ね、不一致を検証する

④不一致部分に注目し、そこだけ何度も描いて記憶する

　これは絵を描くための記憶法ですが、自分がこれから習得しようとすることにも応用できます。つまり、「できていない箇所を見つけ、その部分を集中的に改善する」という方法です。

　ダ・ヴィンチ・ノートには、数々の基本的なデッサンが描かれています。特に服の襞は印象的で、本物そっくりに感じられるように何度も描かれています。天才といえど、血肉化できるまで実践を繰り返したからこそ、後世に残る偉大な芸術作品を残すことができたのでしょう。

185

インプット | 話を聞く

その道の専門家に会い、最高の知恵を学べ

新しい研究をしたが、特記事項はない。それであなたは、この私に何を教えてくれるのか。

トリヴルツィオ手稿

CHAPTER 6 実践力

　ダ・ヴィンチの To Do リストが残っています。そのメモの 15 項目中、8 項目は人に尋ねることでした。

- 算術の達人に、三角形の面積を教えてもらう
- ブレーラの修道士に『重量について』を見せてもらう
- 砲兵のジャンニーノに、フェラーラの塔に穴をあけずに壁を建てた方法について聞く
- ベネデット・ポルティナーリにフランドル地方では、人々がどうやって氷上を進むのか尋ねる
- 水道設備の専門家を見つけて、水門、運河、水車をロンバルディア様式で修繕する方法を教えてもらうこと……etc

　天才というと 1 人で何でも解決していそうですが、半分以上は人に頼っていたのです。餅は餅屋というわけですね。専門家から直接学べば、一から自分で学ぶ倍速で身につけることができ、行き詰まっていた壁も乗り越えられるのです。

　中村天風という思想家がいます。経営者の松下幸之助や最近ではメジャーリーガーの大谷翔平選手など、錚々たる成功者たちが心を積極的に保つ天風哲学に感銘を受けています。

　その天風、軍事探偵として中国で活躍しますが、当時は不治の病とされていた結核になります。病を治すため、欧米まで数々の有識者に会いに行きますが成果はゼロ。たまたまエジプトで出会ったヨガの聖者から教えを学んで結核を克服し、92 歳まで長生きをしています。思わぬ人物が、探し求めていた答えを教えてくれることもあるのです。

187

アウトプット | **やる**

機会があったら、とにかくやってみる

幸運にめぐり合ったら、ためらわず前髪をつかめ、後ろは禿(は)げているからね。

アトランティコ手稿

CHAPTER 6 実践力

　幸運は流れ星みたいなもので、頻繁にやってくるものではありません。来てほしいときに来なくて、来てほしくないときに来たりする。「後ろは禿げている」というダ・ヴィンチの言葉通り、一度つかみ損ねると、二度とめぐってこないチャンスもあります。

　もちろん、挑戦してみたけどダメだったということもあるでしょう。たまたまタイミングが悪かっただけかもしれませんし、実力不足であったとしても自己の現在位置を把握する機会になります。反対に、挑戦せずに本当はつかめた幸運を逃してしまうとしたら、それこそ計り知れない損失。

　やらずに後悔するよりも、なんでもやって後悔する。とにかく自ら「応募するマインド」を持つことが大切なのです。

　漫画『ドラゴンボール』の作者鳥山明さんは、デザイナーとして会社に勤めた後、一時期ニートだったそうです。喫茶店に入り浸り、手にとった『少年マガジン』を見て新人作家の募集に応募しようと思ったら締切に間に合わず。そこで『少年ジャンプ』に応募。賞金の10万円はほしくても、漫画家として描く気まではなかったそうです。

　結果は……落選。でも、総評で書かれた「惜しかった」というコメントが悔しく、入選するまで応募を続けたのでした。応募なくして『ドラゴンボール』も存在しなかったわけです。才能を発揮して脚光を浴びている人も、いきなり当選していたわけではありません。まずは思い切って応募あるのみです。

189

アウトプット | 書く

2冊のノートを使い分けろ

細部は、それが属する部分に一致し、さらにその部分は全体に一致しなければならない。

アシュバーナム手稿

CHAPTER 6 実践力

1966年にマドリッドのスペイン国立図書館で発見された「マドリッド手稿」というダ・ヴィンチ・ノートがあります。ⅠとⅡに分かれていますが、Ⅰは他の手稿からの浄書で、洗練された素描と文章が書いてあります。一方Ⅱは雑多なことが書かれたメモで、ⅠとⅡで大きく構成が異なっています。

つまり、ダ・ヴィンチは、「アイディアを保存するためのノート」と、その「アイディアを洗練させ人に披露するためのノート」を使い分けていたのです。

先に紹介した「メモ魔になる」と「細かく分類しておく」が「インプットのためのライティング」で、それを人に伝えるための「アウトプットのためのライティング」を分けて考えていた、とも言えるでしょう。

保存を優先するときは、とにかく余白さえあれば、どんなノートにも書きつけていきました。そのため、なぜここにこんな言葉が書いてあるの？　というページが散見されます。

雑多なメモは時々カオスになっており、解剖図の横に幾何学的図形が入り込んだり、何の脈絡もない植物や人の顔が文章の上に重ねて書いてあるページもあります。

ダ・ヴィンチは「異種コラボ思考」をしていたとも述べましたが、意図的に無関係なものを融合して書いていたのかもしれません。無秩序な保存を経て、完成度の高い洗練した結晶がアウトプットされていったのです。

191

アウトプット | 図解する

視覚は文字を圧倒する

結果を簡単に伝えられる科学ほど役に立つものはなく、反対に、伝わりにくいものほどムダだ。絵画はその結果を、世界中のすべての世代の人たちに伝えることができる。絵画は、文字の場合のように、さまざまな言語の通訳を必要としないため、瞬時に人類を満足させてくれる。

ウルビーノ稿本

CHAPTER 6 実践力

　ダ・ヴィンチがアウトプット・ライティングをするときに最も心がけていたことが「視覚化」です。

　文字で伝えることと、絵や図で伝えること、どちらが優れているか。ダ・ヴィンチに言わせれば、答えは圧倒的に後者で、文字は絵の足元にも及ばないと断言しています。

　ダ・ヴィンチ・ノートを見ると、そのほとんどで、文章を書き始める前に空白のスペースが設けられています。図解のためです。たとえば、鳥の飛翔に関する手稿では、狭いときで5分の1、広いときでは3分の1ほど余白のスペースが割かれ、そこに鳥のスケッチが描かれています。前述したマドリッド手稿Ⅰでは、まず素描がメインで描かれ、その下に説明文章が付随しており、視覚と文章の主従関係がハッキリしています。

　人に伝える際には、文字より視覚を優先させると、伝わるスピードもインパクトも倍増します。

　いま、インスタグラムなど写真や動画を使ったSNSが大流行しています。結局、ダ・ヴィンチがやっていたことに戻ってきているのです。まるで500年後の私たちを見透かしているかのような実践をしていた、とも言えます。

　スティーブ・ジョブズが、最薄のノートパソコンであるマックブック・エアーをアピールするために、封筒から取り出して聴衆を驚かせたのは有名な話です。印象に残る伝え方をしたければ、視覚に訴えるのが鉄則です。

193

アウトプット | 教える

人に伝えたとき、知識は本当に自分のものになる

教えないのは、自分の儲けが奪われるのを恐れる人であり、儲けを大事にする人は、研究を捨てた人だ。

ウルビーノ稿本

CHAPTER 6 実践力

　人の何倍もインプットをしたダ・ヴィンチ。しかしずば抜けていたのはアウトプットの量でした。ダ・ヴィンチは、偉くなってからも人から教わり続け、学んだことを自分だけの手柄とせず、人に還元していきました。

　最高のアウトプットは、人に教えることです。教えることは人のためにもなり、自分のためにもなります。

　アメリカ国立訓練研究所の「ラーニング・ピラミッド」という学習定着率のデータでは、効果が7段階でまとめられています。一番定着率の低い学びは、「講義」でわずか5%。次に低いのは「読書」で10%。残念ながら、普段私たちが学ぶ手段として多い「聞く」「読む」は、ほとんど定着していないという実態があります。

　でもご安心ください。学んだことを伝えればいいのです。

　立命館アジア太平洋大学元学長の出口治明さんは、これまで1万冊以上の本を読破し、自身も20冊以上出版をしています。どうすれば頭に残るのか？　という質問に対し、「記憶に定着させるには、近くの友達にしゃべりまくるのが得策だ」と言っています。なぜなら、自分の言葉に変換することで記憶に定着し、情報が整理されるからです。

　話す相手がいない場合は、反復学習がおすすめです。高額納税者としても知られる作家の斎藤一人さんは、同じ本を必ず7回読むことを勧めています。

　せっかくのインプット、ムダにしない工夫をしましょう。

195

| アウトプット | 仲間を集める |

自らサロンをつくり、熱く語れ

寝坊したそこのあなた、眠りとは何かな？ 眠っている状態は、死んでいるのに似ているね。それでは、なぜあなたは、その忌まわしい死人のような惰眠を貪るのをやめて、死後に生きた証を残すことをしないのか？

アトランティコ手稿

CHAPTER 6 実践力

フィレンツェにいた頃のダ・ヴィンチは、知的サークル「プラトン・アカデミー」からお呼びがかからず、疎外感を覚えていました。でも活躍の舞台を変え、宮廷での仕事をスタートさせると、新しい人脈に恵まれます。

そこでダ・ヴィンチがしたことは、自らが主宰する知的サークル「レオナルド・ダ・ヴィンチ・アカデミー」の創設でした。ダ・ヴィンチは、このアカデミーのロゴを6つもデザインしています。いずれも複雑に入り組んだ「ひも模様」が特徴的。自身の名前であるVinciと、ラテン語のVincire（結び合せる）、更にイタリア語のvincere（勝利する）を掛け合わせたであろう、多義性のあるロゴです。

このサークルは、友人である数学者ルカ・パチョーリに加え、芸術家や詩人、学者、医師、貴族などが交流する「賢者たちの鍛錬の場」でした。自ら集まりを組織することで、気心知れた人たちと、自分の好きなことを自由にアウトプットし、共有することができるようになります。

下級武士の子供に教えを説いた吉田松陰の松下村塾は、のちに総理大臣2名、国務大臣7名、大学創設者2名を輩出しています。その吉田松陰が残した決意の言葉がこちらです。「できることは本当にちっぽけかもしれませんが、どうしても新しい歴史の一端を担いたいのです。この燃えるような熱い気持ちを、たとえ1人もわかってくれなかったとしても、この空だけはしっかり見てくれていると信じて進みます」

197

あなたもダ・ヴィンチ・ノートを
つくってみよう

　ここでは、ダ・ヴィンチに学び、インプットとアウトプットのための最高の環境づくりを提案します。

　なんと言っても、あなたもダ・ヴィンチと同じ方法でノートをつくってみるのがいちばん。その手順や、気をつけることなど、具体的に紹介していきます。

　その前にまず、インプット力を上げる工夫として、本棚を整理する方法についてダ・ヴィンチに学んでみましょう。

ダ・ヴィンチ式ブックシェルフのつくり方

　ダ・ヴィンチは大別すると2種類の本を読んでいました。

①自分が深まる本（目的：軸を築く）—— 哲学書、格言集、古典、専門書
②自分が広がる本（目的：枠を超える）—— 海外の本、異分野の本、小説、教養本

　自分が深まる本と、自分を広げる本。この2つに目的意識を分けることで、ワンランク上の読書ができるでしょう。

COLUMN

　そのためにも、実際にダ・ヴィンチ式の本棚をつくってみることをおすすめします。と言っても手順は簡単で、お手持ちの本を並べ替えるだけ。

　①本棚から本を全部出す
　②「自分が深まる本」と「自分が広がる本」に分類する
　③用途に応じて細分化する

　③は、たとえば次の図のようにやってみるといいでしょう。

←1段目は人格を磨く本／自分が深まる本

←2段目は専門性を高める本

←3段目は異分野の本／自分が広がる本

←4段目は小説

←5段目は教養本（etc.）

秘訣は「余白」にあり！
ダ・ヴィンチ・ノートのつくり方

　ダ・ヴィンチは、絵を「視覚言語」と呼びました。文字だけのノートは理解するのに時間を要します。スケッチを交え

て書いているのは、そのほうが瞬時に理解ができるからなのです。文字だけのノートについて、このように言っています。

> 読者であるあなたが、このページの全体を見るとき、たくさんの文字がびっしりと書かれているのを見るだろう。しかし、瞬時にそれがなんという文字であるのか、何を意味しているのかを知ることはできない。そのためあなたは、その文字を理解するために、1語1語、1行ずつ見ていかなければならない。それは、建物のてっぺんに行きたいとき、階段を1段ずつ上がっていかなければ、上にたどり着くことはできないのと同じことだよ。
>
> **アシュバーナム手稿**

右余白：地球の構造　　右余白：障害物と水流　**レスター手稿**

COLUMN

　ダ・ヴィンチ・ノートのポイントは余白にあります。文章以外に、あらかじめスケッチを描き込めるスペースを確保していました。

　また、後で追記が必要になったときのことも考えて、上部は少し空ける習慣を持っていました。

余白の３つのルール
　①図や絵を入れる余白をサイドにとり、視覚情報を優先
　②上部にも余白を設け、後で思いついたことを書く
　③空いている余白を活用して１ページの完結性に固執し、
　　できるだけ１枚にまとめる

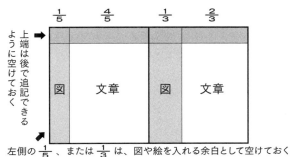

左側の $\frac{1}{5}$ 、または $\frac{1}{3}$ は、図や絵を入れる余白として空けておく

※ダ・ヴィンチは、鏡文字で右から書いていたため、右に余白を設けているが、左から書く際は、左に余白のスペースを設ける。

ポイントは、まず余白のスペースを確保し、図や絵を描いてから文章を書き始めるということ。

ダ・ヴィンチ・ノートの中には、文章のみのページもあります。その場合は、サイドが空白のまま残されています。また、文章スペースが不足した場合は、元々図や絵のためにとっておいた空白部分に、文章を書き込んでいるページもあります。

ダ・ヴィンチは、視覚を優先してノートをとっていますが、そのときの状況に臨機応変に対応しているのです。

近年、話し合った内容を、リアルタイムに絵や図を用いて可視化してノートをとる「グラフィックレコーディング」という手法が注目されています。ダ・ヴィンチのような芸術的なスケッチを描くことは難しくても、「グラフィックレコーディング」であれば、絵心がない人でも、訓練することで描けるようになります。

会議の内容を、文字だけのノートで振り返る場合と、図解入りで振り返るのでは、やはり差が生まれます。自分に合う方法を見つけて、より記憶に残るノートを目指していきましょう。

COLUMN

ダ・ヴィンチ・ノートに見る
「目的別５つのライティング法」

　ここで視点を変えて、「ノートに何を書けばいいのか」について、目的別に分析していきます。

1 不安や悩み・ストレスを解消したいとき

　エクスプレッシブ・ライティング

「自分は成功しなかった、自分は大バカ者だ」とダ・ヴィンチが告白していたことや、自分の苦しんでいる実感を紙に書き出していたことを紹介してきました。天才ダ・ヴィンチも、常に冷静沈着ではなく、感情の揺れ動きがあったのです。

　エクスプレッシブ・ライティングという方法があります。ストレスに感じたこと、不安や悩みなど、その日感じた感情をひたすら書くというものです。

　これは、メンタリスト DaiGo さんも、毎晩寝る前にしている習慣です。自分の感情を言葉にすることで、脳の前頭葉が不安や緊張を抑えてくれる効能があります。

　お風呂上がりの、副交感神経が優位になってリラックスしたタイミングで書くのがベスト。20 分間が理想とされていますが、まずは 5 分間でも効果が期待できるので、思い切り感情を紙に書き出してみましょう。

203

2 不意の出来事が起きて、自分を落ち着かせたいとき

オブジェクティブ・ライティング

数多くの素描、長文がある中で、時折顔をのぞかせるのが、「事実の告白」です。たとえば、父親が亡くなったときは、次のように記しています。

「1504年7月9日水曜日7時、ポデスタ宮殿の公証人、私の父、セル・ピエロ・ダ・ヴィンチ死す。時刻は7時だった。享年80、10人の息子と2人の娘を残す」

悲しいとも辛いとも一切の感情を書かず、事実のみを淡々と書いています。ただし、実際は水曜日ではなく火曜日、80歳ではなく78歳。動揺ぶりがうかがえます。

自分を落ち着かせるためには、まず客観的に事実に向き合う必要があります。実は、ダ・ヴィンチは父の死について、もう1回、別の手稿にも書き残しています。事実を2回書くことで、自分と向き合い落ち着きを取り戻そうとしたのでしょう。状況を俯瞰すると、進むべき方向が見えてきます。

3 自分に自信をつけたいとき

クリティカル・ライティング

ダ・ヴィンチは、自尊力を上げ、自身の正当性を証明するために批判的な文章を書いていたと紹介しました。

ある手稿では、数学的な問題を論じているときに、突然、謎の人物が登場し、批判の対象となっています。

COLUMN

「ゼノフォンテよ、君は間違った」

「いかにしてゼノフォンテは偽りを提示したか」

このゼノフォンテという人物は詳細不明で、架空の人物であった可能性も指摘されています。

他にも、「論敵は～」と自分の意見と異なる人を対象に、批判をしています。

ライバルであるボッティチェリ批判の文章も紹介しましたが、特定の誰かの悪事を追及するのではなく、自分の意見を確かなものとし、自尊力を上げることを目的として書くことが大切です。続けてみると、徐々に自信も湧いてきます。

4 やる気をアップさせたいとき

サクセスフル・ライティング

文字通り、成功したことを書く方法です。クリティカル・ライティング同様、自尊力を上げる効果があり、ダ・ヴィンチは数学の難問を解いた達成感などを書いていました。

のみならず、「未来に達成している自分」を想像して書くこともダ・ヴィンチはしていました。そのことは「山から無事飛べば全世界は驚嘆の声をあげる」と書いた、飛行実験の言葉からもわかります。

「自分はうまくいっている」という実感を持つことができれば、何事にもポジティブに取り組むことができるようになります。

205

必ずしも大成功である必要はなく、小さな成功体験にこそ
着目し、記録することが大切です。日々の「ちょっとしたい
い変化」を書き留めていくことが、前進する原動力になって
いくでしょう。

5 アイディアを形にしたいとき

　インスピレーション・ライティング

　ダ・ヴィンチ・ノートの大半は、思いついたアイディアの
集積です。ピンときたら、ひたらすメモをしていきました。

　移動中は小さなポケットサイズのメモ帳を持ち歩いていま
したし、巨大な地図帳と同サイズのノートには豊富なスケッ
チを交えながらあらゆる関心事を書いていました。

　メモやスケッチは量・内容ともにあまりに膨大だったため
整理が追いつかず、生前出版することができなかったほど。

　でも、今の時代はパソコンやスマホの検索機能を使えば、ど
こに何を書いていたか追跡することが可能ですし、コピーア
ンドペーストすれば編集も容易にできます。

　ダ・ヴィンチには使えなかったテクノロジーという利点を
大いに活用しましょう。

COLUMN

レオナルド・ダ・ヴィンチ・アカデミーロゴの版画　**大英博物館所蔵**

The Da Vinci Note

CHAPTER 7
幸福力

成果を上げながら
心も満たす

人を愛するには
コツがある

最高の愛は、愛する人への深い認識から生まれるものだ。もしあなたが相手を認識していないのなら、大方、いや、まったく愛することができないだろう。また、もしあなたが愛する理由が自分の欲望を満たすためで、美徳のためでないとすれば、あなたは犬と同じことをしている。犬は骨をくれるかもしれない人に向かって後ろ脚で立ち上がり、尻尾を振って歓迎するものだから。でも、もしその犬がその人の美徳を知ることができて、その美徳を好ましいと思ったとすれば、その犬だってはるかに強くその人を愛するだろう。

ウルビーノ稿本

CHAPTER 7 幸福力

　ダ・ヴィンチにとって「愛」は人生のキーワードでした。

　ダ・ヴィンチに結婚した形跡はなく生涯独身で、恋愛事情は謎に包まれています。でも、人を愛さなかったのかというと、それは違います。少なくとも側近には愛弟子がいました。

　最後まで付き添った弟子のメルツィはダ・ヴィンチの死後、こんな手紙を書き残しています。

　「私にとっては父親同然のお方でした。この悲しみは言い表すことはできません。私の命の続く限り、私の心が晴れることはないでしょう。それも、日々、師が私に注いでくださった愛情を思えば当然のことと思われます」

　ダ・ヴィンチが愛情深い人物だったと窺える証言です。

　メルツィは貴族の出身で立ち振る舞いが洗練されており、字は達筆で絵もうまく、献身的な秘書として師匠を支えました。ダ・ヴィンチからの信頼も絶大で、絵画用具や肖像画、膨大なダ・ヴィンチ・ノートも全部、遺産として受け継いでいます。

　生涯のよき理解者と出会えた人は幸せ者です。ダ・ヴィンチは、人を本当に愛する秘訣を2つアドバイスしています。まず相手を深く知ること。次に自分の欲を満たすために愛するのではなく、相手の人格の長所を愛すること。

　実際、外見はイケメンの問題児サライよりも、内面が美しい人格者のメルツィと、深く想いを分かち合える人間関係を築きました。相手の核となる美徳を見ていたのでしょう。

211

怒りは幸せを
台無しにする

人を怒らせる人間は、自分自身も破滅させる。

パリ手稿 M

CHAPTER 7 **幸福力**

腹を立てて妻を殺し、家に火をつけて子供も死なせてしまった。そんな痛ましい事件を聞くと、怒りとはなんと恐ろしい感情かと戦慄します。怒りは人を傷つけるだけではなく、ダ・ヴィンチが言うように、自分を破滅させる悪癖です。

アメリカ国立老化研究所は、「怒りっぽい人は、心臓発作や脳卒中を引き起こすリスクが高い」と報告しています。怒りの感情により、高血圧発症リスクは 1.5 倍、心臓発作を起こすリスクは 8.5 倍も高まるという研究結果も出ています。まさに百害あって一利なしです。

では、どうすれば怒りを鎮めることができるのでしょうか。「怒れる拳、笑顔に当たらず」ということわざがあります。怒りには怒りで応対するのではなく、その反対の優しい心で接すると、不思議と相手の怒りも和らいでくるそうです。

でも、そのためにはそれなりの修養が必要というもの。

昨今、「アンガーマネジメント」と呼ばれる「怒りをコントロールする手法」が注目されています。イライラをなくすのではなく、怒りの感情とうまく付き合うという考え方です。

日本アンガーマネジメント協会代表理事の安藤俊介さんは、「三重丸」で考えるのが効果的だと言います。三重丸を描き、真ん中の丸から「自分と同じ」「少し違うが許容範囲」「自分と違うので許容できない」と怒りのレベルを分類することで、相手と自分との差がわかります。怒るべきか否かの判断基準を持ち、自分の許容範囲を広げていく努力が大切です。

213

嫉妬は、幸運がやってくる場所で待ち伏せをして襲撃する

よい行いで立派な成果を実らせても、叩かれて打ち落とされるクルミのように、有名になる傑作を完成させても、嫉妬のためにあの手この手で叩かれる人たちがいる。

パリ手稿G

CHAPTER 7 幸福力

　ダ・ヴィンチは、人体解剖に夢中になり、未だ解明されていない人体の神秘を解き明かして、人類に貢献しようとしていました。ところが、それを見た人が、「あいつは黒魔術にはまった危険人物だ！」と判断して、教皇に密告しました。ダ・ヴィンチは、密告者に対して反論書を書こうとしますが、あえなく解剖研究は中断を余儀なくされています。

　私たちもよいことをしているのにもかかわらず、真意が伝わらずに誤解され、誹謗中傷をされることがあります。また、好き嫌いの感情だけで仲間外れにしたり、匿名性を盾にとって、ネットにとんでもない事実無根のことを書く人がいます。ネット風評対策がビジネスになるほど、現代社会では問題視されています。

　しかし、悲しいことに、どれだけ対策をしても、悪口・誹謗の人が社会から消えることはありません。幸せが生じると妬みが生じる、幸せと嫉妬は表裏一体の関係なのです。

　とんちで有名な一休さんは、人間心理を見抜いてこう言いました。

「今日ほめて明日悪く言う人の口　泣くも笑うもウソの世の中」

　同じ人でも、自分に都合がよければいい人、都合が悪ければたちまち悪い人にしてしまいます。すべての人に都合のいい人はいません。幸せになることは、嫉妬を生むことも覚悟する。それが幸福力の条件なのです。

215

徳こそ
真の財産であり、
所有者への
真の報酬だ

低俗な人間は、食べ物が通過する袋に過ぎず、何の徳も実践しない彼らには、排泄物が満杯となった便所が残るだけである。

フォースター手稿

CHAPTER 7 幸福力

「快楽に溺れる者は、野獣の仲間になれ」——パリ手稿H
にある厳しい言葉です。欲を満たすことなしに人間は生きて
いけませんし、人生の一番の楽しみは「おいしいものを食べ
ること」と言う人は多い気がします。しかし、食べることし
か考えず、欲中心の生活を送っているのであれば、他の動物
と一緒だとダ・ヴィンチは言います。

　欲望を満たす快感は強烈でも、一瞬の喜びと共に消え去っ
てしまいます。だから、「欲」ではなく「徳」を求めよ、そ
れが幸せに生きる秘訣だ、と主張しました。

　また、物質的な富は所有している間、それが失われないか
と不安がつきまとうが、徳は死ぬまで失われることはない、
とも言っています。

　ダ・ヴィンチは晩年こそ裕福に余生を送っていますが、金
欠の窮状をパトロンに訴えた貧乏時代もありました。生活す
るだけのお金はないと困りますが、果たして大金を持つこと
が幸せなのか。ダ・ヴィンチの金銭観も聞いておきましょう。
「たとえお金をたくさん稼いだとしても、私たちの生活に使
うには、それほどたくさんいらないし、もしあなたがたくさ
ん使おうとしても、それを使い切れないならば、それはあな
たのものとは言えない。使い切れないすべての財産も、同様
に所有者のものではない。あなた自身の生活に役立たないも
のを稼いだとしても、それはあなたの意に反して、他人の手
の内にあることと同じことなのだ」（ウルビーノ稿本）

217

親の恩を知り、報いようとする気持ちを持て

ペリカン―この鳥は、自分の子供たちに対してこの上ない愛情を持っており、巣の中で子供たちが蛇に咬まれて死んでいるのを見つけると、自らくちばしを自分の心臓に突き刺して、雨のように降りかかる血で子供たちを浸し、甦らせる。

パリ手稿H

CHAPTER 7 幸福力

「カテリーナが来る」。ダ・ヴィンチは生みの母親と久しぶりに再会します。しかし、その後1年あまりで母親が亡くなり、その埋葬費用を記述しています。

母親が息子の元を訪れたのは死期が近いと悟っていたからかもしれません。母親と再会した翌年、ダ・ヴィンチは興味深いメモを残しています。それはこのペリカンの文章と同じパリ手稿Hで、母親の名前である「カテリーナ」という単語の上に、碧玉の指輪と星形の石と書いています。おそらく母親へのプレゼントとして購入したのでしょう。ダ・ヴィンチは、自分を育ててはくれなかったものの、生んでくれた母親の恩に感謝し、大切に接したのです。

「風樹の嘆」という中国の故事があります。「木が静かに立っていたいと思っていても、風に吹かれれば揺れ動いてしまうように、子供が孝行したいと思っても、親はそのときまで待ってはくれない。あの世にいってしまえば、二度と会えないのは親である」という意味です。

日本でも、「石に布団は着せられず」ということわざがあります。生前、当たり前にしてもらっていたことも、決して当たり前ではなかった、有り難いことだったと、失って初めて知らされることを言っています。

墓に布団をかけても親孝行にはなりません。恩を知り、恩を感じ、恩に報いる人こそが、幸せな人です。

219

運動が心と体を休める

健康を保つ方法を教えよう。つまり、君が医者を避けるように注意をすればするだけうまくいくだろう。

解剖手稿

CHAPTER 7 幸福力

　ダ・ヴィンチは医者嫌いだったようです。パリ手稿Fにはこんな言葉もあります。

「みんなお金をためようとするのは、生命の破壊者である医者に貢ぐためである。だから連中は金持ちなのだ」

　500年前の医療技術が今よりはるかに低かったにしても、よりによって医者を「生命の破壊者」とは、強烈な表現です。今日でも、心配だからと不必要に医者にかかり、飲まなくてもいい薬を飲んで体調を悪化させている人もいます。

　ダ・ヴィンチの蔵書リストには『健康保持論』という本があり、健康を保つ秘訣をノートに紹介しています。食事は味つけをシンプルに、よくかんでほどほど食べること。お酒は飲み過ぎず、ちょっとずつ飲むこと。澱んだ空気は避け、寝るときは寝具をしっかりかけて、心身ともに爽快な状態を保つこと。

　そして興味深いのは、適度な運動、今でいう「アクティブレスト」（積極的休養）を推奨していることです。体を軽めに動かすことで血流の改善を図り、体内の疲労物質を排出しやすくする方法です。

　十分に寝ても疲れが取れないのは、脳と体の疲労のアンバランスが原因。それを正す運動が習慣化できると疲れが抜けやすくなります。具体的には、ストレッチや、ウォーキングなどの有酸素運動、入浴もアクティブレストになります。忙しい現代人でも、心がけさえあればできることばかりです。

221

やりたくない仕事は断れ

金銭欲に負けて、その芸術によって当然手に入る栄光を、捨ててしまってはいけない。人体のさまざまな美しい部分でも、道行く人の足を止めさせるのは、どこだと思う? それは顔の美しさであって、豪華な装飾品ではないことを、あなたは知らないのか。

ウルビーノ稿本

CHAPTER 7 幸福力

パリのルーヴル美術館に、『イザベラ・デステ』という侯爵夫人のデッサンがあります。ダ・ヴィンチがミラノにいた頃、フランス軍がミラノに進軍し、やがて占領。戦乱で身の危険を感じたダ・ヴィンチは、イザベラがいるマントヴァという都市を訪れました。

イザベラは、政治手腕に優れ、芸術家のパトロンでもあり、当時最先端のファッションで身を固めていました。ダ・ヴィンチは、彼女にデッサンを描いて渡し、イタリアに戻ったら着色した肖像画も描くと約束をして帰路につきます。

しかし、その約束が守られることはありませんでした。再三再四、イザベラから催促の手紙が届いても、頑として描くことを拒んだダ・ヴィンチ。描けば大金を手にできたはずなのに、なぜ断り続けたのでしょうか。

ティツィアーノという画家が描いたイザベラの肖像画があります。見たままの肖像画を描いたそうですが、イザベラは気に入らず、40歳若く見えるように描き直しを命じたといいます。彼女は他の画家にも肖像画を依頼していますが、その出来栄えは、実際より太って見えると非難しています。

ダ・ヴィンチは、おそらくイザベラ・デステのクレーマー的性格を見抜いたのでしょう。きらびやかな服装も、飾りつけを好まずシンプルな服装を好んだダ・ヴィンチの性に合わなかったのかもしれません。大金を積まれても、やりたくない仕事はしない。それもまた、幸せを守る秘訣です。

223

利他的じゃなければ
仕事じゃない

私が世に貢献することに飽きる前に動けなくなりますように。世の中の役に立たなくなる前に動けなくなりたい。倦怠よりは死を望むということだ。私は人に仕えることには満足しないが、世の中のためなら、どんな仕事も私をうんざりさせたり、疲れさせることはない。

ウィンザー紙葉

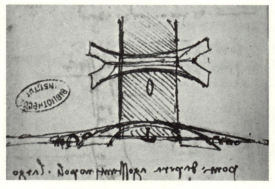

ボスポラス海峡をまたぐ橋の設計　パリ手稿L

CHAPTER 7 幸福力

　誰かの役に立っているという実感が幸せを生み出します。

　14 世紀のヨーロッパではペストが大流行し、人口の実に3 分の1 が命を落としました。

　その後も伝染病の脅威は続き、危惧したダ・ヴィンチは「馬車や荷車用の通路と歩道を分けた、衛生面に配慮した空間づくり」を提案しています。建物の設計では、木材は火災の危険性があるためレンガの使用を検討し、トイレの悪臭が逃げる構造はどうすればいいのか知恵を絞っています。

　また、人々の憩いの場となる水の庭園を計画。砂利を敷いた底がキレイに見えるような湧き水の水路をつくり、小鳥がさえずり、水車が回ることで楽器が音楽を奏でる仕組みを考案。シトロンやレモンの花の香りが感じられる、「五感を喜ばせる仕掛け」を考えていました。

　トルコの皇帝からはコンスタンティノープル付近に位置するボスポラス海峡をまたぐ橋の建設相談を受け、240 mの長大な橋の構想をノートにスケッチしています。当時の技術では実現できなかったため建設されませんでしたが、その美しい造形に心を打たれたノルウェーの美術家が、2001 年、首都オスロにその縮小版の橋を実際に造っています。

　ダ・ヴィンチの仕事の選び方は、世の中の人に貢献する「利他」が基本でした。自分が今やっていることは、貢献を感じられる仕事でしょうか。仕事は人生の大半を過ごす時間。幸福感を得るために、時々振り返ってみてください。

幸せにする対象を拡大し続けよ

この恩恵を人類に与えるために、私は整然と復刻する方法をお伝えしよう。後世の人々よ、金を出し惜しみして木版で印刷しようなどと、ケチることはないようにお願いする。

解剖手稿

CHAPTER 7 幸福力

　後世の人々よ、と呼びかけているダ・ヴィンチの文章を読むと、偉大な人はみな「超時空利他思考」、時間も空間も超えた利他を考えているのかもしれないと感じます。

　利他とは元々仏教由来の言葉です。『浄土論註』という書物には、「自利に由るがゆえにすなわちよく利他す。これ自利にあたわずしてよく利他するにはあらざるなり」、つまり、自分が幸せでなければ、人を幸せにはできないとあります。

　私たちは、自分の幸せが妨げられると怒ったり、悪口を言ったり、愚痴をこぼしたりします。少し余裕が出てくると、身近な人に幸せを分け与えることができるようになり、利他のレベルが高まると、仕事や社会貢献を通して、見ず知らずの人の幸せまで念ずることができるようになります。

　ダ・ヴィンチの場合、家族や弟子はもちろん、仕事で携わる人、そして人類全体の幸せを考えていました。ちなみに、動物愛護主義者だったダ・ヴィンチはベジタリアンになり、鳥の狩りをしている人を見ると、とんでもないやつだと非難しています。街で鳥かごに入った鳥を見ると、購入して空に逃がしてあげたというエピソードもあるほど。

　ダ・ヴィンチは、動物を「感覚的な生命」、自然を「植物的な生命」、人間を「理性的な生命」とそれぞれ分類し、生命の尊重を呼びかけました。自然を愛し、戦争を嫌悪したダ・ヴィンチは、生命すべてを愛していたのです。幸せにする対象が広がるほど、自分の幸せも大きくなっていきます。

227

「ネガティブ・ダ・ヴィンチ」と
「ポジティブ・ダ・ヴィンチ」が
語る2つの生涯

水が半分入ったコップを見て、まだ半分あると思う人と、もう半分しかないと思う人では、同じ現象を見ても捉え方が180度異なります。当然、物事をポジティブに見るほうが、幸せに過ごすことができます。

ダ・ヴィンチになりきって、その人生を2通りの見方でまとめてみました。同じ人生でも、全然違った印象に感じることでしょう。

「ネガティブ・ダ・ヴィンチ」の生涯

私の生涯は、波乱万丈で苦労の多い一生だった。

1452年にヴィンチ村で生まれたが、正式な婚姻関係にない両親の子供だったので、すぐに両親は別れてしまい、幼少期はお母さんからの愛情を得ることができなかった。父は仕事人間で、自分よりも新しい奥さんとの間に生まれた子供を大切にし、私に遺産も残してくれなかった。

庶子という身分上、父の仕事である公証人にはなれなかっ

228

COLUMN

たため、14歳になると、ヴェロッキオ先生の工房で芸術を学んだ。20歳で親方になるも独立は厳しく、たまに絵を描いても完成できなかったから、フィレンツェからローマに芸術家を派遣するプロジェクトにも選ばれなかった。

男色容疑をかけられて逮捕され、悪者扱いされた。ラテン語の読み書きができなかったため、メディチが主宰するプラトン・アカデミーという知的サークルにも招待されることはなかった。才能があったはずなのに、周りは全然評価をしてくれなかったのだ。

30歳になると、私を受け入れてくれないフィレンツェに見切りをつけ、ミラノに向かった。そして、思い切って軍事技師となって、いろいろな兵器を発明してデザインした。でも、あまり現実的ではなかったし、当時の技術ではつくることは不可能で、そのほとんどは絵に描いた餅だった。ミラノの画家と共同で『岩窟の聖母』を描きあげたが、クライアントに納得されず、その後20年以上も裁判沙汰になった。

絵画に懲りたので、今度は、主君の栄誉を讃える騎馬像をつくるために、高さ7mを超える巨大な模型をつくった。人々は絶賛し、いよいよ鋳造するタイミングで、社会情勢が悪化した。せっかく騎馬像の型まで設計していたのに、そのためにとっておいたブロンズは、大砲の材料として全部使われて

しまった。そして、騎馬像の模型は、フランス軍の連中に矢の標的にされ、破壊されてしまった。

おまけに、その頃弟子にしたジャコモという少年は、容姿は美しいものの、ウソつきで大食らい、人のものを盗む小悪魔で、私はいつも頭を悩ませた。

40歳を過ぎて、母が訪ねてきて、一緒に生活することになった。だが、母は1年あまりで亡くなってしまった。

気を取り直して、『最後の晩餐』の制作に没頭した。3年がかりで完成させて世間中から脚光を浴びた。でも、従来のフレスコ技法ではなく、我流で生み出した絵の具で描いたため、カビが発生したり剥落が起こった。完成直後から劣化が始まってしまい、それはもう見るも無残な姿に変わった。

50歳を過ぎると、フィレンツェ政府から政庁舎内に飾る巨大な壁画制作の依頼を受けた。実にやり甲斐のある仕事だったが、不倶戴天の敵であるミケランジェロとの対決が仕組まれていた。

私は『アンギアーリの戦い』を描き、ミケランジェロは『カッシーナの戦い』を描いた。私はこれまでに見たことがないほど圧倒的な迫力の絵を描いたが、火で油彩を乾かそうとした際、絵の具が溶け出してしまった。私は、またしても絵を最高の状態で保つことができなかったのである。ミケランジ

COLUMN

ェロも途中で、教皇の墓をつくるためにローマに旅立ったため未完成に終わり、この対決はドローとなった。

そうこうしている間に今度は父が亡くなり、幼い頃面倒をみてもらった叔父も亡くなった。叔父はすべての遺産を私に残すと遺書に書いてくれていたが、それに納得がいかなかった異母兄弟に訴訟を起こされた。フランス王の協力のおかげで問題は解決したが、なんと人間は醜いのかと思い知らされた。

人間が空を飛ぶことを夢見て研究を続けてきたが、それもついに失敗に終わった。

夢を失った私に待っていたのは死の不安だった。私は地球の最後が水に包まれることを想像して、10枚以上、荒々しい大洪水の連作を描いた。晩年は、祖国イタリアを離れてフランスの田舎に移り住んだ。私の手元には、『モナ・リザ』『聖アンナと聖母子』『洗礼者ヨハネ』の3枚があった。1519年、67歳で生涯を終える。私は結局何も成していないし、死ねば何も残らないのである。

「ポジティブ・ダ・ヴィンチ」の生涯

　私の人生は、威風堂々とした自由な生涯だった。

　1452年にヴィンチ村に生まれ、両親の代わりに、祖父と叔父に可愛がられて育てられた。自然豊かなヴィンチ村でのびのびと成長し、やがて都会のフィレンツェに移住した。

　私はものづくりが大好きで、そんな私の才能を見抜いた父は、知り合いの芸術家であるヴェロッキオ先生の工房に入れてくれた。創作活動はとても楽しく、偉大な芸術家になるために、まずは基礎を徹底して学び、誰よりもうまく描ける実力を身につけた。やがて、共同で絵を描かせてもらうと、師匠よりも絵がうまいと言われ、20歳になると親方の称号を手にした。

　絵の描き方だけでなく、幾何学、解剖学、天文学などの学問も学んだ。いろいろな知識を絵に活かして描くのはとても高尚で、やり甲斐を感じた。

　『受胎告知』という当時メジャーだったテーマの絵を描き、画家デビューを果たす。私の描く絵はときに斬新だとわかっていたので、常識にとらわれない開かれた地、ミラノの君主に売り込みをして採用してもらった。

COLUMN

　宮廷で舞台プロデューサーとなってみんなをもてなしたり、ドラゴンの形をした楽器で演奏、軍事技師として活躍。
　マルチにやりたいことは何でもやった。君主の愛人の絵も描かせてもらい、中でも『白貂を抱く貴婦人』は、接吻をしたくなるほどの出来栄えと絶賛された。

　たくさん失敗もしたけれど、実力が認められ、教会の食堂に大作『最後の晩餐』を描くチャンスをもらった。先人の絵画を研究し、試行錯誤を重ねて描いたこの作品は、フランス王に壁ごと切り取って持ち帰りたいとまで言われ、ついにヨーロッパ中に私の名声が広まった。主君からぶどう園も送られ、ワインを楽しみ優雅な毎日を送った。

　ミラノからフィレンツェに戻ると、久しぶりに父親と再開。父は、有名な芸術家となっていた私を誇らしく思い、顧問を務めていた教会の祭壇に飾る『聖アンナと聖母子』の仕事を与えてくれた。私は気合を入れて下描きを描き上げると、2日間、その傑作をひと目見ようと大行列ができた。
　絵画以外にも、幾何学の図形を描くことや乗り物の発明、化石や天体の研究、都市計画、人体解剖や水の研究と、自分の気が向くものなら何でも没頭した。

　ノートを活用して考察したことを書き、やがては出版をし

て人類社会に貢献しようとした。

　私は、数学者のルカ・パチョーリや、解剖学者のマルカン
トニオ、政治思想家のマキャヴェッリなど、多彩な有識者と
交流するチャンスを得て知見を広げた。

　美青年のサライ（ちょっとおかしなやつだが）と、貴族出
身のメルツィにも支えられ、私の毎日は実りあるものだった。
特にメルツィは40歳年下であったにもかかわらず、よき理
解者であり友人、そして私の後継者だ。時々私の絵を模写さ
せ、ノートにも描いてもらっている。

　素晴らしい人脈と仲間に囲まれて私は幸せ者だ。

　だが、私にはまだやることがあった。

　この世で最高の芸術は絵画であり、絵画は同時に哲学を意
味する。50歳を過ぎて、私はこれまでの集大成となる絵画
を描くことを決意した。

　私は1人の女性の絵を描いていたが、その絵を大事にし、
ずっと修正を続けながら描いていた。『モナ・リザ』という
作品を。

　フランソワ1世に招かれて、フランスのアンボワーズに移
住してからも、『モナ・リザ』に加え、『聖アンナと聖母子』
の完成版、そして最後に描いた『洗礼者ヨハネ』は大切に渡
さずに持っていた。

COLUMN

　アンボワーズは自然豊かで、フランソワ１世からは十分なお金と、クロ・リュセ城を与えられ、誰からも邪魔されない悠々自適の生活は最高だった。

　人生の締めくくりには、遺言書を書き残し、これまでの感謝を込めて遺品を分配。

　かつて訴訟争いをした異母兄弟には、叔父からもらった土地とお金を。召使いにはミラノの土地半分と水路の使用料を。家政婦には上質な服とお金を。弟子のサライには、ミラノの土地半分とそこにある家を。そして後継者メルツィには、全手稿を含む残りのものを全部あげた。

　私の一生は実に幸せに満ちていたのである。

おわりに

　ピアニスト、コラムニスト、アルピニスト。簡単に言い換えれば、「ピアノをひく人」「コラムを書く人」「登山をする人」ですが、実はそれ以上の意味を持ちます。

　たとえば「アルピニスト」は次のように定義されます。

　「狩猟や信仰、測量などの目的による登山ではなく、登山そのものを目的として、より高く、より新しく、より困難な登山を目ざすことの中に喜びと楽しみを求め、科学的、総合的に知識と技術を養い、強い情熱を持って全人格的に登山をしようと考える人」

　ただ気分転換だったり、健康のために登山をする人とは違うことがわかりますよね。

　「〇〇スト」と呼ばれる人たちは皆、専門的な知識・技術を備え、情熱を持ってワクワクと高みを目指す専門家です。

　時代は人生100年・AI時代に突入し、これまで以上に人の心を大切にし、内なる声にも耳を傾け、創造的な発想力で人を魅了する存在が求められています。

　私は今こそ活躍できるそんな類の人を総称して「ダヴィンチスト」と呼んでいます。「ダヴィンチスト」とは、ダ・ヴィンチのように自分を決して偽らず、本心を見つめ、あらゆる興味を実行に移す人です。

おわりに

　本書で紹介してきた、ダ・ヴィンチの言葉、考え方、行動
習慣をベースにすれば、あなたも「ダヴィンチスト」になれ
るでしょう。

　私は小学生時代、クラスにいるのかいないのかわからない
くらい、とても影の薄い存在でした。

　信じられないほど病弱で、鼻血の大量出血が止まらず救急
車で搬送されたこともありますし、1度しかかからないはず
の風疹にも2度かかり、度重なる肺炎で点滴生活を送ってい
ました。

　ある日、保健体育の授業で、「人間は42度以上の体温に
なると死に至る」と聞きました。私はびっくりしました。な
ぜなら、以前、43度の高熱を出したことがあったからです。
立ち上がることも困難で、トイレに行くだけでも廊下の道の
りが42.195キロあるかのような長さに感じられました。

　幸い、私は両親の迅速な対応のおかげで死ぬことはありま
せんでした。保健体育の授業を聞いたとき、「自分はなぜ死
ななかったのだろう。生かされたことには何か意味があるの
ではないか？」そう思いました。死んでいてもおかしくなか
った人生、せっかくなら何でも興味のあることをやってみよ
う、と私は決心し、中学生以降は影の薄かった自分とは変わ
ることができました。

237

時がたち、私はルーヴル美術館で、『バッカス』という不思議なダ・ヴィンチの作品に対面します。元々、あらゆることに挑戦したダ・ヴィンチにシンパシーを感じていたのですが、その絵は私に無言で語りかけてきました。「私の意思をあなたが伝えなさい」と。それはなんとも不思議な体験でした。

　帰国後、私は本当に研究を始めました。ダ・ヴィンチが伝えたかったメッセージは一体何だったのか。知れば知るほど面白いことが見つかり、ダ・ヴィンチの思想が１本の糸のようにつながっていきました。

　どうすればダ・ヴィンチの意思をわかりやすく伝えられるかを研究し、おそらく日本で初めての「ダ・ヴィンチ勉強会」を開催しました。そして８年の歳月を費やし、こうして書籍にまとめることもできました。

　学術書ではなく、このようなビジネス書として出版することで、より親しみのある形でダ・ヴィンチの考えをお伝えすることができたのではないかと思います。

　これまでダ・ヴィンチに触れたことがある人もそうでない人も、本書を通じて「実践家」としてのダ・ヴィンチを知っていただき、何か新しい一歩を踏み出すことになるのであれば、これ以上嬉しいことはありません。

おわりに

　最後の最後に、ダ・ヴィンチの言葉をもう1つお届けし、本書の締めくくりとします。

　立派に費やされた一日が、幸せな眠りをもたらすように、
　立派に用いられた一生は、幸せな死をもたらす。

トリヴルツィオ手稿

参考文献

Il codice atlantico　v. 1 ～ v. 12、Leonardo da Vinci、Giunti-Barbèra

『マドリッド手稿』、レオナルド・ダ・ヴィンチ著、清水純一他訳、岩波書店

『パリ手稿 A, B, C, D, E, F, G, H, I, K, L, M』、レオナルド・ダ・ヴィンチ著、裾分一弘他訳、岩波書店

『トリヴルツィオ手稿』、レオナルド・ダ・ヴィンチ著、小野健一他訳、岩波書店

『解剖手稿』、レオナルド・ダ・ヴィンチ著、裾分一弘他訳、岩波書店

『鳥の飛翔に関する手稿』、レオナルド・ダ・ヴィンチ著、谷一郎他訳、岩波書店

『レオナルド・ダ・ヴィンチ絵画の書』、レオナルド・ダ・ヴィンチ著、斎藤泰弘訳、岩波書店

『レオナルド・ダ・ヴィンチおよびレオナルド派素描集―ウフィツィ美術館素描版画室蔵』、カルロ・ペドレッティ解説、斎藤泰弘訳、岩波書店

『レオナルド・ダ・ヴィンチおよびレオナルド派素描集―トリノ王立図書館蔵』、カルロ・ペドレッティ解説、森田義之訳、岩波書店

『レオナルド・ダ・ヴィンチ素描集』、ケネス・クラーク、カルロ・ペドレッティ解説、細井雄介他訳、朝倉書店

『レオナルド・ダ・ヴィンチの手記上・下』、レオナルド・ダ・ヴィンチ著、杉浦明平訳、岩波書店

『レオナルド・ダ・ヴィンチ展　直筆ノート「レスター手稿」日本初公開』、レオナルド・ダ・ヴィンチ著、尾形希和子他訳、TBS ビジョン・毎日新聞社

『レオナルド・ダ・ヴィンチ全絵画作品・素描集』、フランク・ツォルナー著、タッシェン

『レオナルド・ダ・ヴィンチの謎』、斎藤泰弘著、岩波書店

『レオナルドの手稿、素描・素画に関する基礎的研究』、裾分一弘著、中央公論美術出版

『レオナルド・ダ・ヴィンチ解剖図』、マルコ・チャンキ著、柱本元彦訳、ジュンティ出版

『知らざれるレオナルド』、ラディスラオ・レティ編、小野健一他訳、岩波書店

『レオナルド・ダ・ヴィンチの生涯　飛翔する精神の軌跡』、チャールズ・ニコル、越川倫明他訳、白水社

『レオナルド・ダ・ヴィンチ　天才の素描と手稿』、H・アンナ・スー編、小林もり子訳、西村書店

『レオナルド・ダ・ヴィンチの手稿を解読する』、フリッチョフ・カプラ著、千葉啓恵訳、一灯舎

『レオナルド・ダ・ヴィンチの秘密』、コスタンティーノ・ドラッツィオ著、上野真弓訳、河出書房新社

『レオナルド・ダ・ヴィンチ』、ケネス・クラーク著、丸山修吉訳、法政大学出版局

『レオナルド・ダ・ヴィンチの手稿』、斎藤泰弘著、特定非営利活動法人アート・ビアトープ

『レオナルド・ダ・ヴィンチ鏡面文字の謎』、高津道昭著、新潮社

『レオナルド・ダ・ヴィンチ　人と思想』、古田光著、ブリュッケ

『ダ・ヴィンチ全作品・全解剖。』、ペン編集部著、阪急コミュニケーションズ

『イラストで読むレオナルド・ダ・ヴィンチ』、杉全美帆子著、河出書房新社

『レオナルド・ダ・ヴィンチ上・下』、ウォルター・アイザックソン著、土方奈美訳、文藝春秋

『レオナルド・ダ・ヴィンチ— 神々の復活上・下』、メレシコーフスキー著、米川正夫訳、河出書房新社

『ダ・ヴィンチ　天才の仕事』、マリオ・タッディ、ドメニコ・ロレン

ツァ著、松井貴子訳、二見書房

『ダ・ヴィンチが発明したロボット！』、マリオ・タッディ著、松井貴子訳、二見書房

『美術家列伝　第3巻』、ジョルジョ・ヴァザーリ著、森田義之他訳、中央公論美術出版

『絵画論』、レオン・バッティスタ・アルベルティ著、三輪福松訳、中央公論美術出版

『ウィトルーウィウス建築書』、ウィトルーウィウス著、森田慶一訳、東海大学出版会

『図説ミケランジェロ』、青木昭著、河出書房新社

『ピカソは本当に偉いのか？』、西岡文彦著、新潮社

『ビル・ゲイツ　立ち止まったらおしまいだ！』、ジャネット・ロウ著、中川美和子訳、ダイヤモンド社

『イチローの流儀』、小西慶三著、新潮社

『ココ・シャネル　凛として生きる言葉』、高野てるみ著、PHP研究所

『ファッションデザイナー　ココ・シャネル』、実川元子著、理論社

『新装版　ココ・シャネルという生き方』、山口路子著、KADOKAWA

『アインシュタイン150の言葉』、ジェリー・メイヤー、ジョン・P・ホームズ編、ディスカヴァー・トゥエンティワン

『覚悟の磨き方　超訳　吉田松陰』、池田貴将編訳、サンクチュアリ出版

『ふしぎの国のガウディ』、X -Knowledge HOME 編、エクスナレッジ

『複眼の映像』、橋本忍著、文藝春秋

『学びを結果に変えるアウトプット大全』、樺沢紫苑著、サンクチュアリ出版

『初対面でも話がはずむ　おもしろい伝え方の公式』、石田章洋著、日

本能率協会マネジメントセンター

『歎異抄をひらく』、高森顕徹著、1万年堂出版

『人は、なぜ、歎異抄に魅了されるのか』、伊藤健太郎著、1万年堂出版

『君に成功を贈る』、中村天風述、日本経営合理化協会出版局

【ウェブサイトで見られるダ・ヴィンチの手稿】

アトランティコ手稿

THE VISUAL AGENCY

https://thevisualagency.com/work/

アランデル手稿

大英図書館ウェブサイト

http://www.bl.uk/manuscripts/Viewer.aspx?ref=arundel_ms_263_f001r

フォースター手稿

ヴィクトリア & アルバート博物館

https://www.vam.ac.uk/articles/explore-leonardo-da-vinci-codex-forster-i

＊このほか、手稿の原典も参照

＊本書は2019年に小社から刊行した同名の書籍を文庫化したものです

桜川 Da ヴィんち

ダ・ヴィンチ研究者　DaVincist

北海道出身。同志社大学大学院グローバル・スタディーズ研究科（旧アメリカ研究科）卒。幼少期よりアートを好み、世界の美術館巡りをした経験を持つ。ふと訪れたパリのルーヴル美術館で、レオナルド・ダ・ヴィンチの絵画から不思議なインスピレーションを感じ、独学でダ・ヴィンチ研究を開始。手稿、図録、学術書など100冊を超える資料を分析してダ・ヴィンチの思考を解明。"人生で大切なことはすべてダ・ヴィンチから教わった"をモットーにコンサルティングも行っている。
FMラジオ川越「ダ・ヴィンチ思考ラジオ」のパーソナリティに就任、東京MX「小峠英二のなんて美だ！」に出演。ブログ「ダ・ヴィンチ美術館」では、アートの奥深さや面白さを伝え、人類の創造力向上に寄与すべく情報発信をしている。

https://davincist.com/

超訳　ダ・ヴィンチ・ノート　文庫版

2024年12月20日　第1刷発行

著　者　桜川Daヴぃんち

発行者　矢島和郎
発行所　株式会社　飛鳥新社
　　　　〒101-0003東京都千代田区一ツ橋2-4-3
　　　　光文恒産ビル
　　　　電話（営業）03-3263-7770（編集）03-3263-7773
　　　　https://www.asukashinsha.co.jp

ブックデザイン　井上新八
カバーイラスト　髙栁浩太郎

印刷・製本　中央精版印刷株式会社

落丁・乱丁の場合は送料当方負担でお取り替えいたします。
小社営業部宛にお送りください。
本書の無断複写、複製（コピー）は著作権法上の例外を除き
禁じられています。

ISBN978-4-86801-051-7
©Davinci Sakuragawa 2024, Printed in Japan